LA POSIBILIDAD ES TU SUPER PODER

VICTORIA ALONSO
CON CECILIA MOLINARI

LA POSIBILIDAD ES TU SUPER PODER

LIBERA TU POTENCIAL INFINITO

TRADUCCIÓN DEL INGLÉS DE LUZ MARÍA DORIA

HYPERION AVENUE
LOS ANGELES NEW YORK

Traducción del inglés de Luz María Doria

Primera edición en español, octubre de 2025
10 9 8 7 6 5 4 3 2 1
FAC-0045101-25212
Impreso en Estados Unidos

Este libro utiliza las tipografías Gotham, DIN y Chronicle Text
Diseño de Amy King

Número de control de la Biblioteca del Congreso 2025938528
ISBN 978-1-368-09924-0
Publicado originalmente en inglés como *Possibility Is Your Superpower* por Hyperion Avenue, septiembre de 2025.

El representante autorizado en la UE para la seguridad y el cumplimiento normativo de los productos es Disney Trading B.V., Asterweg 15S, 1031 HL, Ámsterdam, Países Bajos. Correo electrónico: DCP.DL-EU.bookscontact@disney.com

www.HyperionAvenueBooks.com

SUSTAINABLE FORESTRY INITIATIVE Certified Sourcing
www.forests.org
SFI-01681

Logo Applies to Text Stock Only

Para mi hij@ Raven, la persona más amable, considerada y divertida que conozco. Sos el mejor regalo y la luz más brillante de mi vida. La fuerza de tu voz y el poder de la posibilidad siempre van a estar en tu interior. No dejes que nadie te defina, excepto vos. Voy a estar a tu lado para verte brillar durante los próximos cincuenta veranos.

Contenido

Introducción

«Los héroes son forjados por el camino que eligen, no por los poderes que se les conceden».

—IRON MAN, *IRON MAN: EL HOMBRE DE HIERRO* (2008)

Como sucede en todas las historias humanas y de superhéroes, no tenía ni idea de qué me depararía el futuro cuando llegué a este mundo. Nunca pensé que trabajaría en la industria cinematográfica; nunca pensé que produciría películas de superhéroes; nunca pensé que escribiría un libro. Era solo una de los cientos de miles de niños en Argentina que crecían en medio de una dictadura militar desgarradora, tratando de descifrar esto que llamamos vida. Sin embargo, mi madre me inculcó desde pequeña la creencia de que todo era posible si me lo proponía. A medida que crecí, aprendí a hacerle caso a mi intuición, a considerar mis opciones y a empezar con un *sí* en vez de un *no* cuando se me presentaban opciones nuevas e intrigantes en mi camino. Con el tiempo, esta mentalidad me inspiró a dejar mi ciudad natal, La Plata, a los quince años y decir que sí a estudiar en Estados Unidos. Nunca, ni en mis sueños más disparatados, imaginé que esta decisión acabaría abriéndome la puerta a tantas oportunidades únicas y extraordinarias.

Una vez que comencé a definir mi camino como narradora y decisora, busqué todas las puertas posibles para ingresar a la industria cinematográfica: las puertas laterales, las puertas traseras, las puertitas para perros. Y aproveché la primera oportunidad que surgió para convertirme en asistente de producción: un sí que, sin saber nada sobre producción cinematográfica en ese momento, impulsó una larga y próspera carrera. Al dar ese salto, logré ascender por la proverbial escalera que me llevó a trabajos de producción de efectos visuales en Sony, Paramount, Fox y DreamWorks. Alcancé hitos emocionantes a lo largo de este largo y sinuoso camino cinematográfico, que al final me catalizaron para convertirme en presidenta de producción física y de postproducción, efectos visuales y animación de Marvel Studios, hogar del Universo Cinematográfico de Marvel, la franquicia cinematográfica más taquillera de todos los tiempos.

Dedicar dieciocho años de mi carrera a llevar superhéroes con los que nos podemos identificar a la gran pantalla me ha permitido compartir contigo un simple secreto: no necesitas una capa, un escudo ni el poder de volar para ser tu propio superhéroe. Si estás dispuesto a acallar el parloteo externo y escucharte a ti mismo, a lo que quieres y necesitas, te darás cuenta de que las respuestas ya están ahí, esperando a ser descubiertas en tu interior.

Yo no estoy acá para darte la fórmula mágica para alcanzar el éxito, porque soy plenamente consciente de que cada uno de nuestros caminos es hermoso y único. Lo que sí espero es inspirarte y empoderarte para que aproveches todo tu potencial, escuches tu voz y te abras a su superpoder definitivo: la posibilidad. Mi fuerza, resiliencia y perseverancia son factores claves en mi camino hacia el éxito, pero creo que considerar y aceptar las posibilidades es el combustible que ha impulsado mi travesía hacia nuevas y emocionantes alturas.

En *La posibilidad es tu superpoder*, no hay formas correctas o incorrectas de aplicar la posibilidad a tu vida, porque el potencial de cada persona es diferente y está en sintonía con su propio camino. Así que no te pediré que medites, que hagas ejercicios ni que escribas en un diario. Solo quiero que te tomes el tiempo de considerar las posibilidades que se presentan en este libro para que tú también te animes a asumir un papel activo en tu destino. No importa tu edad, tu religión, tu raza, tu etnia, tus preferencias sexuales, lo que tengas o no tengas, ni en qué etapa de la vida te encuentres. Cada camino, cada sendero, cada viaje, cada vida comienza con posibilidades. A menudo, basta con abrir esa puerta que tienes delante para descubrir un nuevo mundo de oportunidades. Cuando tengas dudas, recuerda esto: a fin de cuentas, eres tan fuerte como los superhéroes a los que has admirado desde la niñez, porque su poder y el tuyo propio surgen del carácter, la voluntad, la determinación y la capacidad de aceptar las posibilidades que se presentan en tu camino.

Mi esperanza es que, al compartir una mirada profunda de mi vida y mi carrera (los obstáculos, los momentos destacados y las lecciones), pueda encender una chispa que te anime a encontrar tu fuerza, a hablar cuando al fin tengas un lugar en la mesa, a definir tus innegociables y a nunca perder de vista quién eres. Mi deseo es inspirarte para que pases de pensar que *podrías* a creer que *puedes*... a creer en ti mismo y en el poder de la posibilidad. Y luego a arremangarte y a poner manos a la obra para hacerlo realidad. Si yo pude, tú también puedes.

El poder para convertirte en tu propio superhéroe está dentro de ti. El poder para cambiar tu vida está dentro de ti. La posibilidad es tu superpoder, una perspectiva optimista es tu aliada, y tu determinación y resolución son lo que te impulsará a seguir adelante, a superar obstáculos que parecen imposibles y a correr más rápido que la velocidad de la luz hacia tus sueños. ¿Estás lista? ¿Estás listo?

1

Todos somos potencial

Ancestral: «¿Te preguntas qué veo en tu futuro?».
Doctor Strange: «No... Sí».
Ancestral: «Jamás vi tu futuro, solo sus posibilidades».

—*DOCTOR STRANGE: HECHICERO SUPREMO* (2016)

Todos nacemos en este mundo con potencial: el potencial de ser quien deseemos ser y lograr lo que nos propongamos. Mi madre fue la primera en inculcarme este poder de la posibilidad. Siempre que acudía a ella para preguntarle si podía hacer algo, su respuesta era: «Si se hizo, se puede hacer. Y si no se hizo, deberías hacerlo». Con esa frase, sin saberlo, me regaló una de mis fortalezas más importantes en mi vida: impulsó a esa nenita a considerar siempre las posibilidades que tenía ante sí como algo factible y alcanzable, sin importar lo descabelladas que les parecieran a los demás.

Nací en 1965 en una familia de clase media en La Plata, Argentina, capital de la provincia de Buenos Aires, hogar de la catedral más grande del país y conocida como la ciudad de las calles diagonales, que están bordeadas de árboles y repletas de estudiantes. De pequeña, no podía quedarme quieta. Mis padres podían dejar a mi hermana durmiendo en su cuna sin problema, pero cuando nací yo dieciocho meses después, no paré de moverme como un gusanito, con los ojos bien abiertos, observando cada centímetro de mi entorno... algunas cosas nunca cambian. Nací con una curiosidad innata e inagotable que sigue siendo una gran parte de quien soy hoy. En cuanto aprendí a hablar, comencé a hacer preguntas que mis padres respondían con paciencia. Mi sed de conocimiento era y sigue siendo insaciable.

Mi madre ocupaba un alto cargo en el Ministerio de Educación, y mi padre era psicólogo y profesor universitario. Con dos padres eruditos, especializados nada menos que en educación, la cuestión no era si mi hermana mayor y yo iríamos a la universidad más adelante, sino a qué universidad asistiríamos. Más allá de la relativa novedad de tener dos padres que trabajaban en los años sesenta, llevábamos una vida de clase media bastante normal. Nunca hubo un día en que nos preocupáramos por cómo podríamos pagar nuestra próxima comida o si los sueldos de nuestros padres alcanzarían para llegar a fin de mes; llevábamos una vida tranquila, casi predecible.

Hasta que dejó de serlo.

Cuando yo tenía siete años, a mi padre le diagnosticaron cáncer de pulmón. Él tenía cuarenta años. El médico dijo que tendrían que extirparle un pequeño trozo de uno de sus pulmones para darle una oportunidad de pelearlo. Programó la cirugía, pero se guardó todo el calvario para sí mismo. El día de la operación, mi madre recibió una llamada en el trabajo.

—Hola, señora Alonso. Necesitamos que alguien lleve a su esposo a casa.

—A casa.... ¿de dónde? —preguntó, sorprendida.

—Del hospital. No puede irse solo a casa después de la cirugía.

Atónita, mi madre lo dejó todo y se dirigió directo al hospital.

Los médicos dijeron que la cirugía había ido bien, así que le indicaron que descansara y evitara actividades extenuantes mientras se recuperaba. Pero unos días después, mientras estaba en casa siguiendo las órdenes del médico, sufrió un derrame cerebral y falleció. Así nomás.

En un minuto estaba acá y al siguiente, se había ido.

He bloqueado mi recuerdo de ese día, esa semana, ese año. Algunas personas tienen la capacidad de absorber los acontecimientos de su vida como una esponja y recordar hasta el más mínimo detalle de un momento que ocurrió décadas atrás. Yo no. Nunca he podido permanecer en el pasado, quizás debido a este punto de inflexión explosivo en mi vida. Solo recuerdo el rostro de mi padre por las pocas fotos que tengo de él, pero el resto se difumina por la conmoción de esa pérdida repentina. No creo que superemos nunca la muerte de un padre, en especial a una edad tan temprana. Creo que simplemente aprendemos a vivir con el dolor que deja ese enorme vacío. Un dolor que, con el tiempo, se convierte en una visita esporádica, que casi siempre permanece a raya, pero que aparece a veces sin invitación en nuestra puerta, y de pronto nos hace revivir aquello que creíamos enterrado y en paz.

Cuando murió mi padre, el trauma borró mis lágrimas. Era consciente del profundo vacío que había dejado, pero hice un esfuerzo monumental por ser una chiquita feliz. De alguna manera consciente o inconsciente, descubrí cómo evitar que la tristeza abrumadora invadiera mis días. A esa temprana edad, aprendí a compartimentar mis sentimientos, mi vida. Sinceramente, no creo que pudiera llevar a cabo mi trabajo ahora si no supiera organizar las actividades del día en cajitas. Más allá de lo que suceda en el set, en la sala de montaje, en la oficina o en mi vida, el espectáculo debe continuar. La gente cuenta conmigo para obtener resultados, así que necesito tener claro que muchas de las cosas que se dicen y hacen en el trabajo, y que podría tomarme como algo personal, no tienen nada que ver conmigo. Esta es una de las lecciones más importantes que he aprendido trabajando con tantos hombres a lo largo de los años. Muchos de ellos tienen una asombrosa capacidad para desconectarse de las emociones del momento y seguir adelante como si lo sucedido no fuera tan grave. Pero, desde mi experiencia personal, este comportamiento a veces puede parecer frío, casi hiriente, así que opto por desconectarme con amor. Busco seguir el camino de la amabilidad y la justicia con constancia, sin importar las circunstancias. No siempre lo logro, pero sin duda, intentarlo marca la diferencia. A veces, incluso el más mínimo esfuerzo consciente por ser amable puede convertir una situación volátil en una conversación valiosa.

Siempre he tenido un profundo sentido de lo que está bien y lo que está mal. La primera vez que recuerdo haber defendido este sentimiento fue en el patio de mi escuela primaria, cuando unos niños empezaron a burlarse de una nena de mi clase. Al principio pareció un momento fugaz de insolencia, pero a medida que pasaban los minutos, empezó a escalar hasta convertirse en un acoso descarado. Empezaron a burlarse de ella lanzándole insultos desagradables por ser judía. Al ver cómo se iba desarrollando todo esto, abrumada por lo injusta de la situación, me acerqué al grupo y, desafiante, les dije: «Oigan, ¿qué están haciendo?. —Enseguida dejaron de atacarla con sus palabras y voltearon a verme—. Si le dicen eso a ella, es como si me lo dijeran a mí», declaré con firmeza. Aunque yo no era judía, su dolor era tan intenso que lo sentía en los huesos, y lo único que quería era acallarlo. Tras murmurar algunas excusas, pararon y se marcharon.

Nadie debería ser objeto de burlas ni acoso por ser quien es, y si un grupo está dispuesto a hacerle esto a una persona, es solo cuestión de tiempo antes de que se lo hagan a otra. Sin embargo, si nos atrevemos a alzar la voz, siempre que sea posible, podemos ayudar a detener este tipo de disparates —o al menos a generar una nueva ola de concienciación— antes de que se nos vaya de las manos.

Después de la muerte de mi padre, parecía feliz y segura de mí misma, luchando por lo justo en las pequeñas cosas que podía, pero una nube tormentosa se había apoderado de mi corazón, ocultándome mis emociones. Por afuera podía funcionar bien, pero por dentro estaba totalmente apagada. Por esta razón, los detalles de mi vida en los años siguientes son turbios, meras instantáneas Polaroid en un álbum de momentos trascendentales sin ningún nexo.

Por otra parte, mientras yo intentaba descifrar cómo seguir viviendo sin mi padre, Argentina comenzaba a desmoronarse ante nuestros ojos, a punto de entrar en su capítulo más oscuro desde su independencia en 1816. La situación estaba que ardía en las calles. Los Montoneros —un grupo militante de izquierda fundado por el presidente Juan Domingo Perón durante su segundo mandato, antes de ser derrocado por un golpe militar y exiliado en Paraguay— se le dieron vuelta a Perón por formar alianzas con grupos de derecha a su regreso a Argentina y al comienzo de su tercer mandato. Era una época bastante volátil, incendiada por la violencia proveniente de ambos bandos del espectro político. Y nosotros, como ciudadanos, estábamos atrapados en el fuego cruzado... hasta el 24 de marzo de 1976, el día en que, de repente, todo se detuvo. Para entonces, Juan Domingo Perón ya había fallecido, y su viuda, Isabel Perón, había asumido el cargo de presidenta dos años antes. Ese día de marzo, Argentina sufrió su sexto y último golpe militar hasta la fecha, el más sangriento y aterrador de todos. Marcó el inicio de lo que hoy se conoce como la Guerra Sucia, que se libró sin tregua durante los siguientes siete años contra opositores políticos de izquierda, sus familias y cualquier conocido sospechoso. Este período brutal de la historia argentina se cobró la vida de unas miles de personas, muchas de las cuales fueron capturadas por los militares y nunca más se supo de ellas; pasaron a conocerse como los «desaparecidos».

Yo solo tenía diez años en ese fatídico día. La presidenta Isabel Perón fue derrocada por una Junta Militar liderada por el infame teniente general Jorge Rafael Videla. A las tres de la mañana, las estaciones de radio y televisión de todo el país fueron interrumpidas por la temida marcha militar y la siguiente cadena nacional:

> ***Se comunica a la población que, a partir de la fecha, el país se encuentra bajo el control operacional de la Junta de Comandantes Generales de las Fuerzas Armadas. Se recomienda a todos los habitantes el estricto acatamiento de las disposiciones y directivas que emanen de la autoridad militar, de seguridad o policial, así como extremar el cuidado en evitar acciones y actitudes individuales o de grupo que puedan exigir la intervención drástica del personal en operaciones.***

Por muy vagos que sean mis recuerdos de aquellos años, este es un momento que quedará grabado para siempre en mi memoria. Esa mañana, mi madre nos miró a mi hermana y a mí y nos dijo: «Este no es un buen día. —Hizo una pausa, respiró hondo y añadió—: De ahora en adelante, tendrán que estar más atentas y tener muchísimo cuidado». Se declaró un estado de sitio y se impuso de inmediato el toque de queda. «No se metan donde no las llamen», dijo, enfatizando que los militares estaban sedientos de sangre y no dudarían en matar a cualquiera que se opusiera a ellos.

Diez años antes, durante el anterior golpe de Estado, el general Juan Carlos Onganía había derrocado al presidente electo Arturo Umberto Illia y había ascendido al poder como dictador militar, con el objetivo de instaurar un estado autoritario permanente. Una de las primeras órdenes del día de Onganía fue revocar la libertad académica y acabar brutalmente con la autonomía de las universidades públicas argentinas. Luego vino la represión callejera, que tachó de inmorales a las mujeres en minifalda y a los hombres con el pelo largo, así como a todos los movimientos de vanguardia. Un día, en medio de esta conmoción, mi madre caminaba de regreso a casa conmigo en brazos —yo tenía casi un año— cuando una banda de matones se detuvo junto al cordón de la vereda y salió corriendo de su coche gritando: «¡Viva Perón! ¡Viva Evita!». Mi madre apretó mi pequeño cuerpo contra su pecho palpitante y fijó la mirada en el piso, intentando no llamar la atención, pero los matones interpretaron sus acciones y su negativa a unirse a los cantos como un desaire y una absoluta falta de respeto. En cuestión de segundos, la turba enfurecida la rodeó, y sus gritos ensordecedores de repente se convirtieron en golpes. Mientras le pegaban con furia a su pequeña figura, se inclinó sobre mi cuerpo para protegerme hasta que se desplomó en la vereda donde se acumulaban gotas de sangre sobre las baldosas. Los hombres se subieron deprisa al coche y se alejaron a toda velocidad, sin saber si ella estaba viva o muerta. Y ahora, una década más tarde, nos encontrábamos con otro Gobierno autoritario en marcha, avivando miedos enterrados que mi madre esperaba no tener que volver a vivir nunca más.

A la mañana siguiente, al salir para la escuela, el día parecía normal, pero había un ambiente inquietante. Mientras cumplíamos con nuestras rutinas, se desplegaron militares para patrullar las calles y detener a activistas políticos, sindicalistas, estudiantes y cualquier otro disidente que encontraran. Al anochecer, cientos de personas habían sido secuestradas. Y esto fue solo el comienzo. Pocos días después, una vez que la Junta Militar tomó oficialmente el control, se apoderó de los Gobiernos estatales y municipales y estableció varios centros clandestinos de detención donde encarcelaban y torturaban a cualquiera sospechado de tener vínculos con sus oponentes, lo que en muchos de los casos resultaba en muerte.

Mi madre estaba aterrada por los rumores en la calle sobre lo que realmente estaba sucediendo de manera clandestina con la dictadura militar, pero tuvo que poner su mejor cara de póquer. Como funcionaria de alto rango del Ministerio de Educación, un organismo gubernamental, y decana de la universidad pública de la ciudad, ahora tenía que trabajar junto a oficiales militares todos los días. Mientras que en casa, a puerta cerrada, nos infundía fuerzas y nos animaba a pensar por nosotras mismas con una mente abierta, en esta nueva realidad tenía que hacer todo lo posible por permanecer lo más neutral posible para mantenernos a salvo. Y lo hizo sola, como madre soltera y viuda.

De 1976 a 1981, cada uno se mantuvo en lo suyo; algunos trataban de sobrevivir y otros apoyaban en silencio la creciente, aunque falsa, sensación de paz y orden restaurados. Fue una época perturbadora, casi como vivir con un abusador, temiendo lo que pudiera pasar si no se obedecía. La dictadura militar le mostraba al mundo que luchaba por una causa, librando una guerra civil por el bien del país, protegiéndonos de futuros daños. Pero en casa, la realidad era otra. Había personas que eran detenidas sin justificación, torturadas, violadas, asesinadas y desaparecidas. Al principio, los militares operaban con sigilo y ocultaban con diligencia sus huellas. Así, durante un tiempo, los días y las semanas transcurrieron como cualquier otro año, hasta que los militares empezaron a descuidarse y a confiarse demasiado. Fue entonces cuando empezaron a surgir aquí y allá fragmentos de ese rumoreado submundo, mostrándonos con claridad el peligro que acechaba ante nuestras narices.

Un día, los militares irrumpieron en mi aula, agarraron a nuestro maestro y lo sacaron a rastras del pelo. Nunca más lo volvimos a ver. Poco después, volvieron a hacerlo con otro maestro. Con el tiempo, incluso oímos rumores de compañeros cuyos hermanos habían «desaparecido». Era como encontrarnos cara a cara con el monstruo que sabíamos que se escondía debajo de la cama, ese que el Gobierno intentaba hacernos creer que no existía. Sin embargo, de niños, aunque al principio nadie se atrevió a decirlo, muchos presentíamos que se avecinaba algo sombrío. Éramos como blancos fáciles. Si alguien conocido era capturado y torturado, tras haberle arrancado las uñas y los dientes o haber sido violado repetidamente, era solo cuestión de tiempo hasta que cediera y compartiera algunos nombres para encontrar un respiro al tormento continuo. No era solo una conexión casual con un presunto disidente lo que podía perjudicarte; incluso un atisbo de disidencia podía ser tu perdición. Un hombre con el pelo largo, una mujer vestida como *hippie* o cualquiera que simplemente estuviera en el lugar equivocado en el momento equivocado durante una redada podía caer en la cárcel. Y no existía la idea de «inocente hasta que se demuestre lo contrario». Una vez que te tenían entre manos, el único veredicto era culpable de todos los cargos. Nos llevó algunos años despertar a la verdad detrás de esta miserable realidad.

Solo recuerdo haber pensado: «Hay algo terriblemente mal en lo que están haciendo». Si tienes ideas políticas diferentes a las del Gobierno actual, deberías tener la libertad de expresarlas sin correr el riesgo de perder la vida ni sentir la necesidad de expresarte mediante la violencia. Esa creencia en la justicia, en hacer lo correcto, empezó a crecer en mí y, con el paso de los años, me aferré a ella como mi faro de esperanza: la esperanza de que algún día los errores se iban a corregir. La esperanza de sentirme libre en mi propio país. La esperanza de poder expresar mis convicciones sin sufrir consecuencias. Y sí, la esperanza de un mañana mejor.

Sin importar dónde empecemos o qué nos toque vivir, si nos definen como fuertes o débiles, grandes o pequeños, rápidos o lentos, el potencial de luchar por lo que creemos, de combatir lo que nos frena, reside en todos nosotros. Nuestros orígenes no determinan nuestro destino porque todos nacemos con un potencial innato y el poder de elegir qué hacemos con él. Piensa en tus superhéroes favoritos y sus historias de origen. Vienen de contextos muy diferentes: desde los humildes comienzos en Nueva York del Capitán América (cuyo padre murió en la Primera Guerra Mundial antes de que él naciera, dejando a su madre, una enfermera, a cargo de su crianza, hasta que ella sucumbió a la tuberculosis, dejándolo huérfano a los dieciocho años) hasta la crianza de la Capitana Marvel en Boston en los años sesenta con padres de clase trabajadora que intentaron encasillarla en roles femeninos estereotipados, hasta herederos al trono como Thor y Pantera Negra, que al parecer lo tenían todo desde su nacimiento. Sus orígenes moldearon sus identidades, motivaciones e inseguridades; sin embargo, lo que al final los convirtió en superhéroes no fueron sus circunstancias ni de dónde vinieron, sino la capacidad de dominar su voluntad y aprovechar su potencial para ser la mejor versión de sí mismos.

Sí, nacemos en una vida, una familia y un entorno determinados. Por eso no solo soy hija de mi madre y mi padre; también soy hija de la dictadura militar más sigilosa y desgarradora de Argentina, así como una nena de siete años que perdió a su padre demasiado pronto. Pero lo que decida hacer con todo eso, el camino que he elegido seguir a partir de ahí, siempre ha dependido de mí.

2

No se trata de lo que perdimos; se trata de lo que nos queda

«Perdimos amigos. Perdimos familia. Y una parte de nosotros. Es la oportunidad de recuperar todo».

—CAPITÁN AMÉRICA, *AVENGERS: ENDGAME* (2019)

Los caminos que recorremos desde que llegamos a este mundo están marcados por huecos y cráteres. A medida que pasan los años, nuestro desafío es centrarnos en lo que nos queda en lugar de en lo que hemos perdido. Para ello, me ha resultado útil descubrir cómo llenar esos huecos y cráteres. Pero ¿qué son exactamente? ¿Cómo los reconocemos? Los huecos pueden representar cualquier cosa. Desde la falta de trabajo hasta la falta de comprensión, la falta de éxito o la falta de relaciones. Y los cráteres son agujeros más grandes en nuestras vidas, como la falta de realización, la falta de amor, la falta de identidad, una situación que nos cambia la vida o la pérdida de nuestros seres queridos y parte de nosotros mismos en el proceso.

Como dice el Capitán América en la escena de *Avengers: Endgame* en el hangar del cuartel general mientras anima a sus amigos para la lucha de sus vidas: «La mayoría vamos a un lugar que conocemos, pero no significa que sepamos qué nos espera». Así es como se manifiestan los huecos y cráteres en nuestra existencia: solemos estar en territorio familiar cuando un sumidero inesperado aparece a nuestros pies. Estos son nuestros momentos decisivos: o nos vemos absorbidos por ese vacío oscuro, o logramos abrirnos paso a través de nuestro camino hacia un lugar seguro y descubrimos cómo lidiar con la situación, recomponer las piezas y seguir adelante.

Perder a mi padre creó un cráter meteórico en mi camino que marcaría el resto de mi vida. Pero no dejé que me definiera. Al principio, estaba en total negación. En la escuela, hablaba de mi padre como si aún estuviera vivo. Mis amigos sabían la verdad, pero me dejaron usar este recurso para seguir adelante. Pasé años sin derramar una sola lágrima; enterré mis emociones en la profundidad de ese cráter e hice todo lo posible para evitar que ese oscuro abismo me tragara por completo. Por puro instinto, comencé a llenar ese vacío centrándome en lo que podía controlar, abordando los recovecos a mi alcance. Aunque solo tenía siete años, me dibujé una sonrisa en la cara, dejé que mi espíritu emprendedor me guiara e inconscientemente asumí el rol de «la responsable» para que nuestra familia siguiera adelante.

Con el paso de los años, mientras mi hermana pasaba de nena revoltosa a adolescente desafiante, yo me até bien los zapatos de niña buena y me mantuve firme en ese camino digno de confianza. Era una estudiante sobresaliente que no causaba problemas y que siempre que podía colaboraba para facilitarle la vida a mi madre. A los diez años, ya hacía fila en el banco para depositar los cheques de mi mamá, y luego pasaba por el supermercado con mi hermana para comprar comida para las tres. Mientras escribo esto, miro a mi hij@ de trece años y ni siquiera puedo imaginarl@ haciendo este tipo de cosas. Eso ya no es parte de nuestra realidad actual. Pero en los años setenta, no lo pensé dos veces.

La constante sensación de descontrol en nuestra sociedad me generó una impotencia tan intensa que inconscientemente me obligó a buscar la armonía y el equilibrio en mi vida diaria, y lo llevé al extremo. Mis amigos de la secundaria dicen que siempre que se encontraban en apuros, ya fuera con otro amigo o en la escuela, yo era la primera en darme cuenta e intervenir de manera discreta. Y, en esas circunstancias, solía mantener la calma, hablar con respeto y, con cuidado, lograba medir mis palabras para mantener la paz, resolver el problema y seguir adelante. Mi familia y mis amigos lo eran todo para mí y perder a otra persona más no era una opción, así que tomé las riendas de todo lo que estuviera a mi alcance para asegurarme de que permaneciéramos juntos y fuera de peligro. No planeé llenar estos huecos en mi vida. Lo hice por necesidad. Necesitaba sentirme menos impotente. Llámalo resiliencia, perseverancia o como quieras, la verdad es que no sé de dónde vino, pero estaba ahí, e influyó en cómo seguí viviendo mi vida a partir de entonces.

Los cráteres en nuestras vidas no solo aparecen cuando somos jóvenes, aunque a menudo son los que tienen el mayor impacto. Pueden materializarse en cualquier momento. Nuestras vidas son como una rueda de queso suizo. Tenemos tramos lisos y resistentes, pero nuestro camino también está salpicado de agujeros inesperados. Curiosamente, los queseros llaman «ojos» a estos agujeros. Las bacterias específicas que se añaden al queso y que crean estos ojos también le dan su característico sabor a nuez. Es más, si una rueda de queso suizo no tiene ojos, se considera defectuosa. En otras palabras, los huecos y los cráteres en nuestras vidas, aunque difíciles de superar, son lo que nos convierte en los seres humanos únicos, complejos y completos que somos hoy. Si estamos dispuestos a prestar atención, nos enseñarán algunas de las lecciones más importantes de nuestras vidas. Y pueden darnos la fuerza para superar futuros agujeros. Cuando abordas los huecos en tu vida, te abres a tu máximo superpoder: la posibilidad.

Crecer sin padre en un país convulsionado bajo un régimen militar, con pocas opciones de progreso al alcance, no me impidió soñar con algo mejor. La posibilidad era mi faro de esperanza.

Y cuando descubrí, a través de mis compañeros, que nuestra escuela participaba en el programa de intercambios llamado Pacific Intercultural Exchange que enviaba estudiantes a Estados Unidos durante seis meses, mi corazón dio un vuelco. ¿Una oportunidad de escapar de mi tierra llena de miedo, conocer otro país y saciar mi incesante curiosidad? ¡Sí, por favor! Esa noche, fui directo a mi madre con esta oportunidad.

—Claro que podés ir —me dijo.

La oleada de alegría me sonrojó las mejillas.

—... si encontrás cómo pagarlo vos misma —añadió, probablemente pensando que a los catorce años era imposible reunir los tres mil dólares para el vuelo de ida y vuelta y la estancia de seis meses en el norte.

Solté un gran suspiro, pero no perdí la esperanza. Mi madre nunca me impuso un no rotundo. Nunca recurrió a los clásicos de los padres como: «No, esto es lo que vas a hacer». «No, esto es lo que tienes que estudiar». «No, no puedes viajar al extranjero siendo adolescente». Su estrategia predilecta era la del «sí, pero»: «Claro que podés hacer eso, pero tenés que averiguar cómo». Supongo que pensó que ahí se acabaría todo. Pero en lugar de rendirme, lo tomé como un desafío.

Pregúntenle a cualquiera que me conozca o haya trabajado conmigo. Hasta hoy, el *no* es una opción que no tomo a la ligera. Parte de vivir en el mundo de las posibilidades es saber que hay puertas que se cerrarán con un no rotundo. Pero depende de nosotros encontrar otra manera de entrar. No quiero sentarme en una sala de reuniones y perder un tiempo preciado recitando una lista agotadora de todo lo que *no* podemos hacer para contar una historia. Cuando me encuentro en esa situación, me propongo cambiar la perspectiva en la sala para centrarme en lo que está a nuestro alcance, en lo que podemos hacer ahora mismo para avanzar con el proyecto. Con ese enfoque, la lista de «no podemos» se convierte en ruido de fondo, y esto nos permite despejar el camino para descubrir otras maneras de abordar esos huecos y llegar a nuestro destino. Al final, tu no será mi sí... tarde o temprano.

Al ponerme este primer obstáculo de «sí, pero...», mi madre, sin querer, impulsó mi espíritu emprendedor a un nivel perpetuo. A los catorce años, no tenía muchas maneras de ganar tres mil dólares. No era como si pudiera conseguir trabajo en alguna tienda. Así que, después de darle vueltas, pensé: «¡Llaveros!». Hacía poco había hecho una ronda de llaveros de cuentas de madera hechos a mano con mi amiga Vivi, y se habían vendido bien. Como eran pequeños, sabía que probablemente tendría más posibilidades de venderlos en las tiendas. Y todo el mundo los usaba.

Momento de inspiración: listo.

¿Pero qué tal si iba un paso más allá? Decidí diseñar mis llaveros con forma de aleta de natación.

Diseño: listo.

Para conseguir los tres mil dólares que necesitaba para mi viaje, calculé que tendría que hacer mil llaveros y venderlos a poco más de tres dólares cada uno para cubrir el costo de fabricación y alcanzar mi objetivo de ahorro.

Presupuesto: listo.

Fui a un herrero local que tenía el equipo necesario y le expliqué mi plan y cuánto podía pagarle por los llaveros, que eran fáciles de hacer.

Negociación: lista.

Y este hombre, que no me conocía, pero que pensaba que era hermoso soñar y viajar, creyó en mí y dijo que sí. ¡Que dios bendiga su fe en mí!

Fabricante: listo.

Le di al herrero mis ahorros para cubrir los materiales y planeé pagar el resto de sus honorarios con el dinero que ganara vendiendo estos llaveros. Así él no perdería dinero y yo no le debería dinero a nadie, lo cual era un punto de partida ventajoso. Calculé que tardaría unas cuatro semanas en recuperar mi inversión con ganancias.

En cuanto el herrero entregó los mil llaveros de todos los colores del arcoíris, caminé directo a la calle comercial más concurrida y conocida de La Plata: la calle 8. En aquella época, ese era el lugar para reunirse con amigos a tomar un café, mirar las vidrieras o ver una película en el cine. Había tantas tiendas grandes y pequeñas y tanto tráfico peatonal que sabía que, si iba a vender mis llaveros en algún sitio, sería ahí. Llamé a todas las puertas disponibles, les mostré mi mercancía a los comerciantes y pregunté si podía dejarlos en consignación en sus vidrieras. Los llaveros eran brillantes y coloridos, lo que los hacía destacar donde los colocaran. Debí haber dejado entre diez y veinte piezas en cada tienda, junto con el número de teléfono de mi casa ya que en aquel entonces no había celulares. A los pocos días, nuestro teléfono empezó a sonar sin parar. Los llaveros volaban de los estantes. Para la tercera semana, había vendido todo mi inventario y le había pagado al herrero. Una noche me acerqué a mi madre con mis ganancias.

—Mamá, tengo la plata. ¿Ahora podrías comprarme el boleto, por favor? —le pregunté mientras dejaba los billetes en la mesa del comedor.

Atónita, se quedó boquiabierta.

—¿De dónde sacaste esta plata, Victoria? ¿De quién la sacaste? —preguntó, frunciendo el ceño con preocupación.

—No, no, me lo gané —dije, y le expliqué mi emprendimiento.

—¿Y cómo se te ocurrió esa idea? —preguntó, todavía asombrada por la hazaña que su hija de catorce años había logrado sola.

Me detuve un segundo. Al principio no le había contado mi plan, temiendo que no lo apoyara.

—Bueno, me imaginé que serviría para rellenar las vidrieras de las tiendas, además de que son baratos y lo suficientemente coloridos como para llamar la atención de los peatones —respondí, con la esperanza de que se enfocara en mi éxito—. Fue una idea loca, pero funcionó.

Mi madre asintió, al parecer aún sin saber bien de dónde había surgido ese ingenio. Luego dijo:

—Quizás funcionó porque no dudaste de vos misma.

Y, fiel a su palabra, me ayudó a inscribirme en el programa de intercambio estudiantil y compró mi boleto de avión.

En lugar de rendirme y lamentarme por el obstáculo en mi

camino, su «sí, pero» me impulsó a considerar la posibilidad, arriesgarme y cubrir el déficit económico.

Hace unos años, mientras daba una charla inspirada en la frase que se ve en los andenes del subte de Londres, «cuidado con el hueco», de repente le dije al público: «¿Saben qué? No deberíamos solo tener cuidado con el hueco... Deberíamos llenarlo. Así es como llegué aquí. Llené los huecos que otros no querían ocupar. Acepté todos los trabajos que otros rechazaron». Esa noche, comencé a reflexionar sobre esta frase. Llenar el hueco no era solo una forma de trabajar, era una forma de ser.

En mi caso, empezó de niña, cuando sentí la necesidad de llenar el hueco emocional en mi familia. Me propuse brindar apoyo y asumí responsabilidades que no deberían haber recaído sobre mis hombros, solo para calmar el caos. Lo que comenzó como una táctica de supervivencia, con el tiempo se convirtió en mi *modus operandi*, lo cual me enseñó a ser ingeniosa y me transformó en una persona capaz de resolver problemas. Y eso sentó las bases esenciales para lo que más tarde necesitaría para embarcarme en mi carrera como productora. Mi faro de posibilidades y mi trabajo duro me habían abierto la puerta al programa de intercambio en 1981, mi primer viaje al extranjero, mi primera visita a Estados Unidos, seis meses en San Diego, California, un catalizador que con el tiempo cambiaría el curso de mi vida.

No sabía nada de San Diego. Como en ese entonces no

había Google para enseguida poder hacer una búsqueda, mi madre y yo nos sentamos a la mesa de la cocina y pensamos en las personas que conocíamos que habían viajado a Estados Unidos. Recordamos todas las historias sobre los rascacielos de Nueva York, las playas de Miami y el Disney World de Orlando, destinos típicos para los argentinos en aquella época, pero ninguno de nuestros amigos había viajado a California. Así que recurrí a la letra de «California Dreamin'» de The Mamas & the Papas y sonreí, al darme cuenta de que estaría en un lugar donde el sol calentaba las calles en invierno. Esto se confirmó aún más con el sol de la Costa Oeste mencionado en «California Girls» de los Beach Boys. No me quejo; hasta el día de hoy me va mejor en climas más cálidos. Mi familia pasaba los veranos en las playas cercanas a lo largo del Atlántico, así que también me entusiasmó la oportunidad de conocer el océano Pacífico por primera vez, ¡ni hablar de los surfistas! Y cuando intentaba imaginarme la escuela, lo único que me venía a la mente era la película *Grease*, que había llegado a los cines un par de años antes. Eso era todo lo que sabía sobre el sistema educativo estadounidense; el resto lo descubriría por mi cuenta.

En retrospectiva, me doy cuenta de que no solo puse en marcha este plan para participar en ese programa de intercambio; también lo hice porque necesitaba seguir lidiando con los cráteres en mi vida. Estaba tejiendo una red que evitaría que me devoraran, para poder mirar hacia el futuro en lugar del pasado. Es como lo que dice el Capitán América en *Avengers: Endgame* durante una reunión de grupo para quienes lidian con la vida y el duelo tras el chasquido de Thanos: «Entiendo.

Hiciste lo más difícil. Te atreviste a hacer algo sin saber lo que iba a pasar. Y justo son esos pequeños pasos de valentía los que hay que dar para volver a sentirnos completos, volver a tener un propósito».

Piensa en alguna de las veces que te has topado con una traba, un obstáculo en el camino o un cráter en tu vida. Cuando caíste, ¿qué elegiste hacer para volver a sentirte completo? ¿Te recuperaste por tu cuenta? ¿Cómo? ¿Qué habilidades o fortalezas te ayudaron? Las respuestas a estas preguntas podrían revelar las herramientas que ya viven en ti, las que necesitas para sobrevivir a tus noches más oscuras. He hecho mucha introspección y, sinceramente, no tengo una fórmula que puedas seguir, porque es un proceso personal y único. Algunas personas necesitan apoyarse en su círculo íntimo, y otras, como yo, sienten la necesidad de ponerse a trabajar, llenar el hueco y seguir adelante. No hay una manera correcta o incorrecta, siempre y cuando hagas algo al respecto y no te abandones.

Volvamos al Doctor Strange. Estaba en la cima de su carrera como cirujano, un hombre increíblemente talentoso pero arrogante, cuando se lesionó y dañó de forma permanente su posesión más preciada: sus manos. Sin embargo, en el momento en que decidió dejar atrás lo perdido y centrarse en lo que podía hacer con lo que le quedaba, se adentró de lleno en el mundo de las artes místicas y se convirtió en el hechicero más poderoso que existe. Los caminos varían, pero el objetivo final es muy parecido para todos, tanto superhéroes como humanos:

procesar y comprender el pasado, llenar los huecos de la vida y fijar la vista en el futuro. Ahí es donde reside la posibilidad.

Llegar a San Diego, California, a los quince años fue casi como aterrizar en otro planeta. Pasé del miedo latente y las calles represivas de una dictadura militar a la vida despreocupada de la soleada California de principios de los ochenta, y mis ojos se salían de sus órbitas. Las imponentes palmeras contra el cielo azul intenso, la calidez del sol incandescente, el contorno de las ondulantes colinas en la distancia. Lo absorbí todo mientras conducíamos hacia la casa de mi familia anfitriona. Allí viviría durante los próximos seis meses; simplemente no lo podía creer.

Me asignaron una familia estadounidense que fue muy acogedora y servicial, pero, aunque mis habilidades de lectura y escritura en inglés eran excelentes (la mayoría de las escuelas en Argentina enseñan inglés desde la primaria), todavía había una barrera idiomática, y era bastante frustrante. No te das cuenta de cuánto más tienes que aprender hasta que estás en una habitación con hablantes nativos. La primera vez que dije: «I can't wait to go to the bitch», mi familia anfitriona casi se cae de la risa. Me quedé mirándolos desconcertada y dolida. ¿Por qué se ríen de mí?, pensé. «Espera, ¿qué dije mal?», pregunté. Básicamente, había dicho, «Tengo muchas ganas de ir a la perra». Playa y perra suenan muy parecido en inglés. Fue entonces cuando aprendí que la pronunciación correcta de una palabra que había leído cientos de veces era *beach*.

Con el paso de las semanas, poco a poco mis oídos se

acostumbraron a los diferentes acentos, formas de pronunciación y jerga, aunque la palabra *ain't* seguía confundiéndome. Mi instinto me decía que debía mantenerme fiel a la gramática que había aprendido con tanto ahínco en el colegio, así que no podía entender por qué los chicos de este colegio decían «*ain't*» en lugar de «*am not*» o «*are not*». Entonces me cayó la ficha: la gramática no importaba tanto como poder conectar con la otra persona, comunicarse, conectar y crear un vínculo a través de un idioma común, aunque no se hablara a la perfección en ninguno de los dos casos: ellos con su jerga y yo con mis errores de pronunciación. Hablábamos raro, pero nos llevábamos bien, y eso era todo lo que importaba. Que conste que hasta el día de hoy hablo de forma graciosa y nunca he podido pronunciar la palabra *hippopotamus* sin trabarme con las sílabas.

Lo que realmente me voló la cabeza durante esos seis meses fue la escuela. En casa, en mi estricta escuela de estilo militar, la vestimenta designada era un uniforme blanco impecable con una falda que llegaba por debajo de la rodilla, medias azules o negras y mocasines marrones. El maquillaje estaba prohibido, el cabello debía llevarse recogido en una cola de caballo apretada y sujeta con una banda o cinta azul o blanca, y las únicas joyas que podían adornar nuestras orejas eran aritos de perla. Si nos atrevíamos a romper con este rígido código de vestimenta, de inmediato recibíamos una sanción y un regaño por cada acto de rebeldía. Ahora imagínense a esa misma chica de quince años entrando a una secundaria pública en San Diego en 1981, en su primer día de clases en Estados Unidos, vestida con los colores tenues que ella asumía que eran la norma. Sentí que me habían dejado caer en medio de una pasarela de moda. Las chicas llevaban pantalones de colores neón y blusas de hombros descubiertos con dibujos llamativos, y los chicos llevaban *shorts* de baño y chancletas y llegaban a la escuela en patinetas. Algunos chicos llegaban con tablas de surf amarradas al techo de sus coches, listos para lanzarse a las olas en cuanto sonara el timbre, que anunciaba el fin del día. Era la vida playera de principios de los ochenta en su máximo esplendor. El maquillaje deslumbrante, las joyas recargadas, los tatuajes... Ni siquiera sabía lo que era un tatuaje hasta que caminé por los pasillos de esa escuela.

Una de las actividades extracurriculares a las que decidí apuntarme fue el club de teatro, mi primera incursión en el mundo de la actuación. El día que entré al teatro de la secundaria Mission Bay, me quedé boquiabierta. Filas de asientos de madera clara descendían en cascada hasta el escenario ultramoderno donde experimentaría por primera vez la forma de arte colaborativo que se convertiría en precursora de mi carrera de décadas. Mi escuela secundaria en La Plata, ubicada en un edificio de finales del siglo XIX, donde la mayoría de las funciones escolares se celebraban en el salón de actos o en el patio exterior, estaba totalmente eclipsada por ese teatro de ochocientas butacas que tenía delante. Enseguida me uní al resto de los miembros al pie del escenario y procedí a prestar mucha atención a cada palabra que salía de sus bocas, esforzándome por descifrar los términos y frases específicos que se usaban en el mundo del teatro. Lanzarme de cabeza a una nueva actividad en un idioma que no era el mío fue, sin duda, una lucha. La verdad es que, en un buen día, si entendía la mitad de lo que se decía, lo daba por ganado. Pero eso me enseñó que una sonrisa a menudo puede ser más valiosa que un vocabulario completo. ¡Así que sonreí mucho!

Mientras estuve allá, participé en un musical, *Hollywood Here I Come*, una adaptación de *A Chorus Line* que requería una producción mucho mayor de lo que estaba acostumbrada. Cuando me eligieron como corista de fondo, ansiaba estar en la última fila para disimular cualquier fallo en la rutina, pero siempre me ponían en el centro. Sabía que podía mantener mi propio ritmo al cantar, ¿pero bailar? Bueno, digamos que soy la típica persona que baila a su propio ritmo. Soy tan mala bailando, que otros evitan bailar conmigo porque no puedo llevar el compás, pero instintivamente quiero llevar la iniciativa. Sabía que este no era el papel para mí, pero me puse el *body* rojo de cuello redondo con cinturón blanco y un lazo blanco en el pecho, me puse los zapatos Mary Jane, agarré mi galera blanca, crucé el escenario a pura patada alta y lo di todo. ¡Mi baile se convirtió en el toque de humor de la escena! Como dije antes, ¡llena el hueco!

Aunque no me sentía del todo cómoda con este papel en particular, aguanté porque me encantaba trabajar con un grupo de personas que amaban las artes, y mi curiosidad siempre era más fuerte que yo. Quería saber por qué el director tomaba ciertas decisiones sobre otras. Quería saber cómo el coreógrafo pensó en ponernos a cada uno en un lugar específico para que los movimientos funcionaran a la perfección. Quería saber cómo sabía cuándo entrar en un número la banda de la secundaria (¡sí, teníamos música en vivo!). Quería aprender el proceso creativo del equipo de vestuario. De pronto, una de mis compañeras de teatro dijo:

—Vamos, Victoria, tenemos que maquillarnos.

Me quedé paralizada.

—¿Qué? No sé maquillarme. No me maquillo.

Y entonces pensé: «A ver, un momento, aquí estoy, petrificada por no saber cómo aplicarme el rímel, y hace solo dos meses, ¡me petrificaba la idea de desaparecer bajo una dictadura militar!». Así que me las arreglé. Lo que más me gustó de esa experiencia fue la fluidez con la que los diferentes departamentos trabajaron juntos para crear una producción que el público pudiera disfrutar. A todos nos guiaba la necesidad y el deseo de actuar, y esa actuación contenía la pura alegría de hacer algo que amábamos. Cada aspecto me enseñó algo nuevo y, aunque a veces me sentía como pez fuera del agua, disfruté mucho de la exposición a este nuevo mundo y lo absorbí por completo. Por la noche, me acostaba en la cama y me preguntaba: «¿Entendiste al menos la mitad de lo que estaba pasando hoy?». Mi respuesta solía ser sí, lo que me inspiraba a levantarme al día siguiente e intentar sortear la barrera del idioma y los códigos teatrales de nuevo.

Tenía quince años y, por primera vez, estaba absorbiendo la normalidad de la libertad de expresión. «Esta gente sí que la tiene clara», pensé. Se les concedió el derecho a ser quienes eran, asumieron por completo ese derecho y la escuela les dio la bienvenida a sus diversas identidades. Fue más de lo que jamás soñé y disfruté cada segundo, incluso los obstáculos, porque se ajustaba a mi perspectiva y a mis creencias. Un lugar donde podía expresar con libertad quién era y en qué creía, sin consecuencias aterradoras que se cernieran sobre mi cabeza como un puñal afilado y dentado... ese se sentía como mi lugar en el mundo.

Para cuando terminó el programa y estaba a punto de regresar a casa, se había plantado una semilla en mi mente: quería esa vida. Sentía el deseo de vivir de otra manera, de viajar y aprender otros idiomas, y eso sólo creció a partir de ese momento. Estaba tejiendo una nueva red, una de esperanza y sueños por un futuro mejor, llena del poder de la posibilidad impulsada por la libertad, una a la que estaba decidida a regresar... tarde o temprano.

Los superhéroes también se enfrentan a cráteres en el camino que alteran sus vidas, esos momentos de oscuridad repletos de obstáculos y miedo, esos destellos de duda que sacuden sus cimientos, pero como dice Tony Stark en *Avengers: Endgame*: «No se trata de cuánto perdimos... se trata de cuánto nos queda. Somos los Vengadores». Y *tú* eres el vengador en tu propia vida. Depende de ti enfrentar los cráteres que han impactado quién eres y tejer una red de crecimiento que amortigüe tu caída y te permita salir de la oscuridad, dándote la opción de reclamar tu mundo de posibilidades. Esa es la esencia de la resiliencia, la voluntad de levantarte y seguir adelante, sin importar los obstáculos o los detractores que te frenen, incluso si se ríen un poco de ti cuando bailas.

3

Hay fuerza en tu debilidad

«Yo elijo correr hacia mis problemas y no me alejo de ellos. Porque es lo que hacen los héroes».

—THOR, *THOR: RAGNAROK* (2017)

La fuerza es buena, la debilidad es mala: ese es el mensaje que muchos hemos recibido a lo largo de nuestras vidas. Y claro, a veces la fuerza te salvará. Pero las limitaciones son la fuente de toda creación. Como siempre decía Louis D'Esposito, productor de cine y copresidente de Marvel Studios, cuando tu fuerza disminuye, te ves impulsado a buscar caminos alternativos, nuevas ideas que podrían dar paso a nuevas posibilidades. A lo que añado: dentro de esa nueva posibilidad se encuentra una lección de vida que quizá no habría entrado en tu mundo si no hubiera sido por un momento de debilidad percibida. Esta nueva perspectiva también podría brindarte una forma diferente de ver tu fuerza.

Piensa en Thor en *Thor: Ragnarok*. Cuando es arrojado al extraño planeta Sakaar, Thor es capturado por Valquiria, quien le lanza un pequeño disco al cuello que lo deja inconsciente con solo presionar un botón. Sin embargo, su captura, ese momento de debilidad, al final lo lleva a reconectarse con Hulk, después de su épica lucha de gladiadores, a reconciliarse con Valquiria y a unir fuerzas con ambos para regresar a Asgard y derrotar a su hermana, Hela. Es más, en esa batalla con su hermana, ella lo golpea en la cara y le saca un ojo, pero esta pérdida le regala una visión de su padre, quien le recuerda que Asgard no es un lugar, sino su gente. Estos momentos de debilidad tienen algo en común: dieron paso a circunstancias e ideas alternativas, que al final lo llevaron al triunfo. Le permitieron ver su hogar y a su familia con una perspectiva muy diferente y, gracias a eso, comprendió el verdadero significado de una comunidad.

Debido a que la mayor parte de mi carrera se ha centrado en el mundo de los efectos visuales, que se trata de imágenes generadas por computadora (CGI, por sus siglas en inglés), podrías pensar que me encantan las computadoras. Pero ¿adivina qué? Nada que ver. No soy una experta en computadoras innata. Ese rasgo podría considerarse una de mis debilidades en el campo de los efectos visuales. Con el paso de los años, a menudo me he preguntado por qué no me gustan las computadoras. Si soy sincera conmigo misma, no me gustan porque no las entiendo. Es así de simple. La mayoría de nosotros tendemos a hacer lo que nos resulta fácil. Si me pides que elija entre la esgrima o el tenis, elegiré el tenis con los ojos vendados porque he practicado ese deporte desde niña. Por otro lado, nunca he probado la esgrima, no sé cómo funciona y no estoy segura de si podría hacerlo bien. Pero quizás, si lo intentara y le dedicara tiempo, hasta podría llegar a gustarme.

Por eso siempre me esfuerzo por priorizar lo que no sé hacer. Mi curiosidad siempre ha compensado mis debilidades. Siempre estoy aprendiendo cosas nuevas; es lo que nutre mi mente y mi creatividad. Luego, a medida que profundizo en lo que no sé, me enamoro poco a poco y lo único que quiero es saber más, más, más. No soy, ni nunca fui, quien escribe el código ni opera el *software* que crea los hermosos e impresionantes efectos visuales en nuestras películas (aun no entiendo bien cómo funcionan algunos de esos programas), pero he aprendido a comprender lo suficiente como para reconocer nuestras limitaciones y cuánto puede aportar un artista a nuestra narrativa. Al saber cómo se hace algo, puedo nutrir, proteger y apoyar nuestro proyecto y a quienes trabajan en él.

Un ejemplo de esto me pasó en Marvel Studios. Cuando acepté trabajar en *Iron Man: El hombre de hierro*, lo hice porque se rodaría en Los Ángeles, algo que era innegociable para mí en aquel momento (hablaremos sobre este punto clave más adelante), pero de pequeña nunca me gustaron los superhéroes. Nunca fui una fan. No esperaba con ansias la próxima película de Súperman ni el siguiente episodio de *El Increíble Hulk* ni de *La Mujer Maravilla*, a pesar de que ella fue un éxito rotundo en aquel entonces. Tampoco leí ninguno de los cómics. Mi única tira cómica de cabecera era *Mafalda,* de Quino, protagonizada por una nena de seis años que reflexionaba sobre el estado del mundo y la humanidad mediante observaciones con las que uno se sentía increíblemente identificado, conmovedoras y fieles a la verdad que resonaban en todas las edades.

Mafalda fue y siempre será mi superheroína. A través de Mafalda, su autor, Quino, no se centró en el comentario político, aunque algo había. Más bien buscó expresar sentimientos universales de libertad, lealtad y familia, así como una constante aversión a la sopa. Mafalda siempre ha sido mi libertad, mi voz, mi camino, mi luz. Recuerdo leer esos cómics y pensar: «¡Quiero conocerla!». Admiraba su osadía y me encantaba cómo lo cuestionaba todo y silenciaba a los adultos con sus reflexiones sencillas pero incisivas sobre la vida. Mafalda tenía una sabiduría que no coincidía con su edad.

En una tira cómica, su madre sale por la puerta y le dice a Mafalda que no le abra a nadie, por mucho que llamen. Mafalda accede, y su madre cierra la puerta y entra en el ascensor cuando Mafalda sale de repente y dice: «¡Mamá! ¿Y si es la felicidad?».

Claro, ¿por qué no abrirle la puerta a la felicidad? Qué mensaje tan hermoso y atemporal para recibir a cualquier edad. Esos temas universales que absorbí de niña a través de Mafalda son los que intenté incorporar a las series y películas de Marvel.

A menudo me han preguntado por qué ayudé a hacer más de treinta películas de superhéroes si no me gustaba el género. Esto me llevó a plantearme una pregunta similar: ¿Por qué no me gustan los superhéroes? Después de darle vueltas un rato, al final llegué a una respuesta sencilla: porque no me identificaba con ellos de niña. No usaba capa, ni tenía escudo ni martillo y, aunque lo anhelaba, no podía volar. No me parecía a los superhéroes, y sabía con certeza que no podía salvar al mundo. Pero, de pequeña, sí me parecía a Mafalda. Éramos redonditas y mullidas, y me identificaba fácilmente con sus pensamientos y emociones. Mafalda no resolvía los problemas del mundo, pero día tras día, desafiaba el *statu quo*. Era la personificación de la *verdad ante el poder*. Así que, si iba a ayudar a mis colegas a contar historias de superhéroes, necesitaba encontrar una manera de conectar con esos personajes, como lo hice con Mafalda, para que otros como yo pudieran hacer lo mismo. Una de las razones por las que conecté de inmediato con Tony Stark fue que, aunque es increíblemente inteligente, también es un ser humano imperfecto, como el resto de nosotros. Al profundizar en su historia y descubrir cómo decide pasar de usar su talento e intelecto para crear armas de guerra a hacer el bien, encontré un vínculo claro y cercano con ese personaje, y me enganché.

Desde ese día y a lo largo de los años, esa conexión con los personajes y la trama fue el aporte clave que siempre llevé a la mesa. Si veía una escena o una secuencia de acción y no me convencía, lo expresaba sin pelos en la lengua : «Esto no es algo que realmente me importe». Quería que me importara. Quería que hiciéramos ajustes para que a todos nos importara lo que sucedía en la pantalla, para que todos pudiéramos identificarnos al menos con una línea, un gesto, una escena más allá de la acción y los efectos. Si una escena no hacía avanzar la película de ninguna manera y no nos hacía querer más (o menos) al personaje, la traía a la mesa una y otra vez para ver si podíamos mejorarla o prescindir de ella. Y así, en Marvel, la aparente debilidad de no gustarme los superhéroes se convirtió en una de mis mayores fortalezas porque me empujó a siempre sugerir que hiciéramos más humanos y accesibles a estos seres todopoderosos. Y esto, a su vez, aportó una nueva perspectiva. Ahí está de nuevo: la fuerza en la debilidad, el poder de la posibilidad a plena vista.

Cuando pienso en la debilidad a nivel personal, la primera imagen que me viene a la mente es la de principios de los ochenta en Argentina. Durante los primeros años después del golpe militar de 1976, el Gobierno siguió sosteniendo que estaba librando una guerra civil. Aunque se hizo cada vez más evidente que no era así, el miedo era palpable en las calles y nadie se atrevía a alzar la voz, aterrorizado de que algún día ellos también pudieran dejar de existir. Pero a medida que aumentaban las violaciones de derechos civiles y la asociación de derechos humanos Madres de Plaza de Mayo comenzó a realizar vigilias semanales frente a la Casa Rosada, sede del despacho del presidente, exigiendo saber dónde habían ido a parar sus hijos desaparecidos, atrajeron la atención internacional hacia su causa. A su vez, esto inspiró a más personas en casa a desafiar el terror militar y a alzar la voz contra las atrocidades que ocurrían en nuestro país. A pesar de los toques de queda y la censura impuestos, en 1980 más personas habían comenzado a organizarse y participar en manifestaciones políticas de protesta contra la dictadura. ¡Basta, hasta aquí llegamos!

Al observar cómo se iban dando todos estos acontecimientos, desarrollé un profundo interés por el sistema de justicia política; el sentido del bien y del mal se fortaleció aún más en mí a medida que avanzaba en mi adolescencia y luego de haber experimentado la libertad de expresión durante el programa de intercambio en California. Justicia. Eso era lo que buscaba. Mi madre, aterrada por la idea de ofender a la gente equivocada en el trabajo, seguía con la cabeza gacha, ocupándose de sus asuntos, con su enfoque puesto en alimentarnos a mi hermana y a mí y mantenernos a salvo. Hasta entonces, yo había hecho todo lo posible por no causarle problemas. Sabía que tenía mucho que hacer como cabeza de familia que debía criar sola a dos hijas. Así que no desobedecía a mi madre y siempre le decía dónde estaba. Pero cuando empezaron las marchas en La Plata, sentí una profunda necesidad de participar, de expresar con libertad mis creencias, sin importar los peligros que eso pudiera conllevar.

Ahora sabemos que la mayor tasa de desapariciones durante la dictadura militar ocurrió en La Plata. También albergó algunos de los abismales, ahora infames, centros clandestinos de detención donde los prisioneros fueron torturados, violados y, a menudo, asesinados, sin mencionar el escenario de la espantosa Noche de los Lápices. Ese terrible suceso comenzó la noche del 16 de septiembre de 1976, apenas unos meses después del fatídico golpe de Estado que puso a los militares en el poder y dio paso a la disolución de los partidos políticos, al fin de todas las sesiones del Congreso nacional y a la persecución de todos los opositores a la dictadura militar. Diez estudiantes de secundaria fueron secuestrados y torturados por la dictadura esa noche por ser considerados parte de un grupo potencialmente subversivo, y solo cuatro vivieron para contarlo.

A medida que algunos de estos horribles detalles comenzaban a llegarme en reuniones clandestinas y de boca en boca a lo largo de los años, no dejaba de pensar: «Tenemos que arriesgarnos; si no, ¿por qué estamos aquí?». Así que, junto a otros amigos que como yo eran activista de corazón, comencé a participar de todas las protestas posibles para ayudar a amplificar nuestra voz colectiva. Solo tenía dieciséis años.

En cada manifestación, siempre había algunas personas al frente de la marcha, sosteniendo las grandes pancartas que exigían respuestas. Yo era una de esas personas que alzaban la voz con orgullo y llevaban nuestro mensaje por las calles de la ciudad. Pero un día, a mitad de la manifestación, mis brazos cedieron al peso de la pancarta, así que le pedí a alguien que me relevara. Mientras le daba un descanso a mis músculos, disminuí el paso y me refugié entre la multitud detrás de la pancarta, sin perder el ritmo de los cantos de protesta. Entonces sucedió. Disparos. Caos. Hombres y mujeres con heridas de bala cayeron al suelo frente a mí. Corrimos a refugiarnos. El corazón me latía con fuerza. La sangre se me heló. Los militares habían abierto fuego contra los manifestantes pacíficos. Cada vez que esto ocurría, disparaban a matar.

Si hubiera tenido la fuerza para seguir sosteniendo esa pancarta, tal vez no estaría acá hoy para compartir mi historia. Sin embargo, este incidente no me desanimó; no me detuvo. No lo tomé como una señal de advertencia para retirarme por mi propio bien. En todo caso, solo me enfervorizó aún más y me inspiró a alzar la voz en nombre de los que habíamos perdido y a participar en más protestas y reuniones. Puede que no tuviéramos la fuerza física para luchar contra el ejército, pero sí teníamos nuestras voces, y con el paso de los años, reunimos más coraje y nos hicimos oír. Las bajas eran parte del riesgo, y yo estaba dispuesta a arriesgarlo todo.

Como si lo que estábamos atravesando como país no hubiera sido suficiente, el 2 de abril de 1982, en una clara maniobra política, la dictadura militar decidió invadir las islas Malvinas, una colonia británica ubicada a unos 480 kilómetros al este del sur de Argentina, lo que al final incitó a una guerra con Gran Bretaña, dueña de una de las fuerzas armadas más poderosas del mundo. La Junta Militar creía que recuperar las islas Malvinas ayudaría a unir al pueblo argentino de un solo golpe patriótico y a hacernos olvidar los abusos a los derechos humanos que habíamos venido sufriendo durante los últimos seis años. Y al principio, parecía que su plan había comenzado con buen pie.

En ese fatídico día, la gente enseguida salió a las calles para celebrar esta maniobra militar. Casi me dejé llevar por el sentimiento patriótico de defender lo que nos pertenecía por derecho hasta que mi madre me interrumpió y dijo: «No hay nada que celebrar. Hoy no es un buen día para nuestro país». Tenía razón, y esas palabras quedaron grabadas en mi mente y en mi corazón. Lo que no sabía a los dieciséis años y que ahora entiendo es que nadie gana en la guerra. Los soldados que fueron enviados a luchar eran jóvenes de dieciocho y diecinueve años que no tenían el entrenamiento adecuado y ni siquiera sabían cómo manejar las armas extranjeras que les entregaron para defenderse. Lo peor de todo es que el Gobierno asumió que la respuesta de Gran Bretaña sería tibia en el mejor de los casos, con margen para las negociaciones; nunca anticiparon que, en un mes, nuestros diez mil soldados tendrían que enfrentarse a los veinticinco mil soldados británicos, armados hasta los dientes, por tierra, mar y aire. Tras setenta y cuatro días de enfrentamiento, más de 1200 soldados argentinos resultaron heridos y 649 murieron. El plan de la Junta Militar había fracasado de forma estrepitosa, pero nuestro poder colectivo como pueblo se fortaleció.

Durante esas semanas insoportables, se formó un comité estudiantil en mi colegio para ayudar a preparar provisiones para nuestros soldados. Naturalmente, quienes ansiaban hacer algo más se unieron, lo cual significó que el colegio, sin querer, creó un punto de encuentro ideal para que los activistas estudiantiles se conectaran en forma discreta y compartieran información sobre las atrocidades no mencionadas que ocurrían en nuestras calles. Mientras tanto, además de ir a las marchas, también comencé a asistir a reuniones clandestinas nocturnas en el sótano del Bachillerato de Bellas Artes para escuchar a las Madres de Plaza de Mayo. Quería saber qué estaba sucediendo realmente. Había saboreado la libertad de expresión y opiniones políticas en San Diego; ya no quería vivir en la oscuridad.

Casi al mismo tiempo, algunos de mis amigos y yo decidimos unir fuerzas para reactivar el centro de estudiantes de nuestra escuela, que había sido cerrado cuando la dictadura llegó al poder. Habíamos pasado los últimos cuatro años soportando una represión constante en la escuela, desde la vigilancia incesante sobre cómo nos vestíamos hasta la prohibición de libros en nuestras clases de Literatura y la restricción de cualquier mención de política o sistemas democráticos en nuestras clases de Educación Cívica. Y habíamos sido testigos de la persecución de primera mano: el director y el rector de la escuela tenían vínculos con los militares y en más de una ocasión habían denunciado a profesores que luego desaparecieron. Todo lo que queríamos era recuperar nuestra voz y tener una representación real en la escuela. El centro al fin se inauguró en 1984, una vez restaurada la democracia. Aunque no estuviéramos ahí para usarlo —ya nos habíamos graduado—, sigue siendo parte de nuestro legado estudiantil.

Claro, yo protestaba y luchaba con vehemencia por nuestros derechos de cualquier manera posible, con la intención de ayudar a derribar un sistema que mataba gente, pero también era una chica de dieciséis años que me derretía por un amor platónico y anhelaba encontrar algo de normalidad en medio de las transgresiones que enfrentábamos. Cuando descubrí que la persona que me gustaba se había unido a un grupo de teatro independiente local, Teatro La Lechuza, junto con algunos de mis amigos más cercanos, decidí explorar la actuación una vez más solo para estar más cerca de todos ellos. En medio de tanta turbulencia, la familia y las amistades fueron la fuerza estabilizadora que acunó nuestros espíritus destrozados.

Ese año, el grupo presentó una obra titulada *Asaltaron a doña Nuez*. Me eligieron para interpretar a uno de las dos protagonistas —los ladrones que asaltan a doña Nuez— y mi mejor amigo, Alejo García Pintos, fue el chico bueno que nos llevaba ante la justicia.

Al principio, nuestros ensayos semanales eran un lugar para pasar el rato con mis amigos, coquetear con la persona que me gustaba y bajar la guardia, a escondidas del caos exterior. De niña, nunca había tenido la urgencia ni el deseo de ser actriz. Lo que más quería era ser veterinaria; quería estar rodeada de animales. Desde entonces, he adoptado más de trece perros rescatados a lo largo de los años. Pero cuando se presentó esta posibilidad de actuar, dije que sí. No tenía ni idea de si me saldría bien o no. Simplemente tenía debilidad por un chico, esa supuesta debilidad abrió una puerta que nunca había considerado en serio, y la crucé para ver lo que había al otro lado. Desde entonces, siempre he estado abierta a lo que se presenta a lo largo de mi camino.

Con el paso de las semanas, empecé a involucrarme de verdad en la obra y también a conectar con el trabajo tras bambalinas. Después de haber participado en el club de teatro de la secundaria Mission Bay, comprendía mucho más sobre utilería, vestuario, iluminación, música y sonido, y estaba deseando aplicar estas habilidades en La Lechuza. Claro, había pasado de un teatro de ochocientas butacas a uno con capacidad máxima para ciento veinte personas, pero esto no formaba parte de una escuela. Era un teatro independiente de verdad que necesitaba vender entradas y atraer público. Así que empecé a preguntar sobre su *marketing* y publicidad, desde el precio de las entradas y la venta para consumo hasta cómo anunciaban sus producciones. Absorbí cada detalle de información como una esponja reseca y, hasta el día de hoy, sigo fascinada por el proceso de crear algo de la nada, ya sea una obra de teatro, una película o un libro. Sin darme cuenta, esta actividad había ido más allá de que me gustara un chico o de querer pasar el rato con mi grupo de amigos. Me picó el gusanito del teatro, y me picó con fuerza.

Actuar nunca ha sido mi fuerte —no había forma de que me acordara del guion—, pero era la única forma que conocía de contar historias y expresarme en este arte, así que seguí adelante. Con el tiempo, me di cuenta de que esos meses en el teatro me salvaron la vida. De verdad lo creo. Esta pasión recién descubierta requería tiempo y dedicación, y a pesar del tira y afloja emocional entre la lucha en la calle y la seguridad en el teatro, no dejé que la causa se apoderara de mi vida. Me invitaron a varias protestas y acepté todas las que mi valentía me permitió. Si me sentía insegura, tenía un mal presentimiento o tenía un ensayo o una actuación, entonces no iba. Esto significaba que, los días que elegía el teatro en lugar de ir a una marcha, me protegieron de varias manifestaciones con heridos. En el fondo, sabía que lo daba todo en esas protestas cuando asistía, de pie en las primeras filas y alzando la voz de forma desafiante para nuestra lucha por la democracia, así que me permití elegir también hacer lo que amaba y me hacía feliz. Ese espacio y ese tiempo se convirtieron en mi refugio.

La primera vez que trabajé en un estudio de cine, pensé: «Un momento, esto lo conozco». El fresco olor a madera, la camaradería, el bullicio y el respetuoso silencio cuando los actores ensayaban o actuaban, todo me llenaba de la misma sensación de seguridad que había sentido en el teatro de adolescente. Estaba en casa.

Un brote comenzó a salir de la semilla que se había plantado en mi mente durante mis seis meses de intercambio en San Diego, y con él surgió un profundo deseo de viajar, de ir más allá del mundo que conocía, de aprender más y posiblemente ir a la universidad en Estados Unidos. Mi instinto me decía que había algo más grande allá afuera que valía la pena explorar, un lugar donde mi carácter franco y mis opiniones firmes no se verían amenazadas de muerte. Para cuando llegué a mi último año en la secundaria, ya estaba en lo más alto de la lista de estudiantes indeseables de mi escuela. Algunos de mis amigos cercanos también estaban en la lista. Esto significaba que el profesorado de la escuela nos tenía en la mira; sabían que éramos activistas, aunque no podían demostrarlo, así que nos castigaban con sanciones y suspensiones por todo, desde llevar las medias por los tobillos hasta por usar la cinta del color equivocado en el pelo. Pero no podían ir más allá porque, para su disgusto, éramos buenos estudiantes. Tuvimos suerte.

Tras ser sacudidos por una economía en decadencia, un intento desastroso de obtener el gobierno de las islas Malvinas y las crecientes protestas por las violaciones de derechos humanos que se hacían cada vez más evidentes después de casi ocho años al parecer interminables, la Junta Militar por fin celebró elecciones democráticas, y el 30 de octubre de 1983, el pueblo eligió a Raúl Alfonsín como el próximo presidente de Argentina, el hombre que nos conduciría de regreso a la democracia. Cuando asumió el poder el 10 de diciembre, las celebraciones resonaron en todo el país y suspiramos de alivio. Pero en realidad, nadie sabía si se lograría mantener esta paz tan frágil. El miedo y el dolor de los últimos ocho años todavía estaban demasiado presentes en el tejido social. No pudimos evitar pensar: «¿Durará este Gobierno democrático o es solo una fachada para quitarse de encima a las organizaciones de derechos humanos? ¿Qué pasa si me expreso demasiado abiertamente y luego los militares recuperan el poder? ¿Tendremos que volver a las profundidades de no poder pensar, sentir ni expresarnos con libertad?». La gente tenía miedo genuino de hablar abiertamente sobre ese período de sus vidas y lo que habían visto o sufrido. Pasaron un par de años para que todos se dieran cuenta de que la democracia había llegado para quedarse. Por eso, cuando se me presentó la oportunidad de salir del país justo después de graduarme de la secundaria, mientras Alfonsín tomaba el poder a finales de 1983, no lo dudé ni un segundo y me lancé de cabeza.

Hacía poco había terminado una relación que me había destrozado el corazón, y estaba decidida a no sufrir así nunca más —el desamor adolescente es lo peor—, pero cuando un estudiante de intercambio estadounidense llamado Jeff llegó con su buena pinta, encanto, elocuencia y mente increíblemente rápida, conectamos de inmediato. Estaba visitando a Rodolfo, un estudiante de intercambio en su escuela en Estados Unidos, de quien se había hecho muy amigo. Nuestra relación se fusionó a través de nuestras mentes; él alimentó mi curiosidad y mi constante deseo de aprender más sobre lo que fuera. Podíamos hablar durante horas y sentir que solo habían pasado minutos. En los siguientes dos meses de su visita, a medida que lo fui conociendo más, poco a poco me permití bajar la guardia y conectar con esta maravillosa persona.

Durante una de nuestras últimas citas llenas de charlas, antes de que regresara a su casa, de repente me fijó la mirada y dijo:

—¿Quieres venir conmigo?

Una enorme sonrisa se dibujó en mi rostro, y mientras mi corazón daba vueltas y saltos mortales, asentí. Esta no era solo una oportunidad para estar más cerca de mi novio; también era una oportunidad fantástica para tomarme un año sabático y pasar más tiempo en Estados Unidos mejorando mi inglés. Cuando se lo conté a mi mamá, me miró con recelo y me dijo:

—¿Estás embarazada?

Una vez que le aseguré que no, me dio luz verde para irme de casa.

Después de pasar un año en Seattle con mi novio y darme cuenta de que quería quedarme e ir a la universidad ahí, volví a La Plata y le compartí a mi mamá esta decisión y otra noticia:

—Me caso.

Mi madre se quedó ahí parada por un segundo, mirando

incrédula a su hija de apenas diecinueve años, y una vez más preguntó:

—Esperá, y ahora ¿estás embarazada?

—No, mamá, no estoy embarazada. Amo a Jeff. Quiero casarme con él. Y quiero vivir en Estados Unidos.

—Está bien —dijo a regañadientes.

Unos días antes de mi partida, eché un vistazo a mi habitación y pensé: «¿De qué puedo prescindir?». Elegí con cuidado las cosas que me harían sentir menos sola lejos del único hogar que conocía y empaqué mi vida en dos valijas. Esa fue la parte fácil. Lo difícil fue tener que despedirme de mis seres queridos. Mis amigos de la secundaria vinieron una última vez y, mientras charlábamos sentados en el suelo, sentí una punzada de melancolía en el pecho. «Esto sí que lo voy a extrañar», pensé. Miré a cada uno de mis amigos mientras charlaban, bromeaban y reían, y me sentí súper agradecida de pertenecer a un grupo de personas tan cariñosas. Sabía que mantener el contacto sería difícil. En los ochenta no teníamos correo electrónico, WhatsApp ni FaceTime, y las llamadas de larga distancia costaban un ojo de la cara. Cuando conseguíamos llamarnos, las conexiones estaban llenas de estática y eco, así que las palabras que intercambiábamos eran concisas: «¿Cómo estás... tás... tás?». «Estoy bien». «Bien, bueno, mejor colgá antes de que suba la cuenta». «¡Te quiero! ¡Te extraño... ño... ño!». *Clic.* No había lugar para conversaciones profundas. No había lugar para bromas internas. Eso se dejaba para nuestras cartas, que podían tardar un par de semanas en llegar a la otra persona. Así que me empapé de la presencia de mis amigos y solo esperaba encontrar un grupo de personas similar en Seattle. Las cosas materiales van y vienen, pero las personas son irremplazables.

El día que me fui, mi mamá y mi hermana me llevaron al Aeropuerto Internacional de Ezeiza. Después de registrar mi equipaje en el mostrador de la aerolínea, caminamos hasta el control de seguridad y nos juntamos con el resto de las familias que se despedían entre lágrimas. Abracé a mi hermana, luego a mi madre, y empecé a llorar en silencio mientras pasaba junto al guardia. Ese día, me despedí de mi familia, de mi infancia, y me embarqué en una nueva aventura hacia lo desconocido, hacia el amanecer de mi adultez, lista para afrontar mis debilidades y convertirlas en fortalezas.

Ahora, volvamos a los héroes del Universo Cinematográfico de Marvel (MCU, por sus siglas en inglés). No puedo evitar pensar en la aparente debilidad de Tony Stark en *Iron Man 3*. Sufre de estrés postraumático tras su experiencia cercana a la muerte al final de la Batalla de Nueva York, y la ansiedad que conlleva este trastorno, sumada a la idea de vivir en un mundo tan peligroso, lo obliga a fabricar docenas de trajes de poder en un intento desesperado por mantener el control y proteger a sus seres queridos. Sin embargo, ese pequeño ejército de trajes no puede evitar que su hogar sea atacado y destruido. Es más, queda varado en un pueblo rural de Tennessee con una armadura experimental que ni siquiera tiene la potencia suficiente para llevarlo a su casa en California. De nuevo en un mundo sin trajes, donde sus debilidades quedan al descubierto, tiene que detenerse y replantearse cómo seguir adelante. Y esto le abre un nuevo camino, uno donde su ingenio e instintos vuelven a tener rienda suelta. «Mi armadura nunca fue una distracción o un pasatiempo», dice Stark al final de su travesía en *Iron Man 3,* «era un capullo. Y ahora soy un hombre nuevo». Se ve obligado a confiar en sí mismo por encima de su armadura y a afrontar sus problemas; y no solo triunfa, sino que se convierte en una mejor persona.

Muchas de las situaciones que ocurren en las películas del MCU reflejan lo que sucede en nuestras propias vidas. No huimos de nuestras debilidades, porque creemos que no hay nada de qué avergonzarse. Ya sea que vayas rápido o lento, ya seas el que lleva la pancarta en la primera fila o el que está en la tercera o cuarta, ya sea que tengas ataques de pánico o simplemente te sientas inseguro, tu potencial de lucha sigue intacto. A veces debemos retirarnos, reflexionar y reorganizarnos para volver con fuerzas renovadas, luchar otro día y seguir con vida en el juego. Y eso está más que bien, porque eso es lo que hacen los héroes. No dejes que nada ni nadie te haga pensar lo contrario.

4

Considera la luz

«Nuestros demonios nunca se van, Mordo. Sólo nos queda aún ser más fuertes».

—ANCESTRAL, *DOCTOR STRANGE: HECHICERO SUPREMO* (2016)

Todos luchamos para elegir entre la luz y la oscuridad en diferentes momentos de nuestras vidas. Nuestra forma de ver el mundo determinará cómo lo experimentamos, y lo que hagamos con las posibilidades que se presentan a lo largo de nuestro viaje depende de nosotros. Podemos elegir ver el caos como un obstáculo insuperable o identificar el potencial que se nos presenta. Podemos elegir dejar que la oscuridad nos trague por completo, o podemos elegir luchar para llegar a la luz. Piensa en Erik Killmonger en *Pantera Negra*. Interpretado de forma brillante por Michael B. Jordan, Killmonger es un villano convencido de que lucha por lo correcto, por lo que, en última instancia, beneficiará al mundo a mayor escala. Su esperanza inicial de liberar a los oprimidos era una causa noble. Sin embargo, su impulso provenía de una oscuridad y una rabia tan profundas que empañaron su intención original y convirtieron todo lo que tocaba en destrucción.

En algún momento de su camino, se le presentó una opción, posibilidades, la oportunidad de tomar un camino diferente, la oportunidad de considerar la luz sobre la oscuridad. Pero dejó que su furia desenfrenada y su sed de venganza opacaran su viaje, y lo guio su despiadado deseo de poder y venganza. La muerte de las personas que amamos es una de las cartas más duras que nos tocan. La muerte del padre de Erik lo convirtió en alguien decidido a hacer pagar a otros por lo que le hicieron. Tuvo la posibilidad de restaurar una situación fracturada, pero en su lugar eligió la violencia. La oscuridad sobre la luz. En este gran mundo de posibilidades, algunas personas eligen ese camino porque parece una solución rápida para tomar las riendas del asunto. Pero es una solución rápida con consecuencias para toda la vida. Las Madres de Plaza de Mayo también perdieron a sus hijos por la violencia, pero una y otra vez eligieron la luz en lugar de la oscuridad. Caminaron con amor en sus corazones todos los jueves por la plaza de Mayo durante cuarenta años, con la esperanza de descubrir dónde estaban sus hijos. Esperaron. Solo el tiempo les revelaría a algunas el paradero de sus hijos. Otras, nunca lo supieron.

Nada en mi vida sucedió ni llegó cuando yo lo deseaba. Incluso mis lágrimas se demoraron. Ocho años, para ser exactos. Ocho años de tristeza contenida. Ocho años para al fin liberar el dolor y lamentar la pérdida de mi padre. Enamorarme por primera vez a los quince años fue mi catalizador. Esa emoción abrió la barrera de mi corazón y me permitió ser vulnerable con mi novio, dejar fluir las lágrimas. Probablemente lloraremos esas pérdidas el resto de nuestras vidas. Son parte de una estructura que ha sido súbitamente derribada, de golpe dejándonos sin nada. Ahí es donde entra en juego la elección. Podemos refugiarnos en ese cráter negro tinto, sumergirnos en las sombras y repasar las injusticias que hemos tenido que sufrir, dejando que nuestro dolor, humillación y frustración alimenten nuestra rabia, o podemos aprender a liberar ese dolor y esa pérdida, construir una nueva estructura y fijar la mirada en la luz más allá del cráter. No es fácil. Pero es posible.

Erik Killmonger eligió la oscuridad. Pero ¿y si hubiera considerado la posibilidad de la luz? ¿Y si hubiera dado un paso atrás y se hubiera tomado el tiempo de considerar otra opción? ¿Una que permitiera a otros entrar, una donde pudiera hacer preguntas, colaborar con otros y exponer sus preocupaciones sin dejar rastro de muerte y destrucción? Como dijo una vez nuestro travieso Loki: «Nadie malo es completamente malo y nadie bueno es completamente bueno». Esta afirmación es totalmente cierta. Siempre estamos a punto de convertirnos en villanos, ya que todos debemos luchar contra pensamientos y sentimientos ocultos en algún momento de nuestras vidas. Por eso, aunque sabemos que lo que hacen es inaceptable, hay una parte de nosotros que los comprende e incluso puede empatizar con sus historias, con ese momento, esa decisión, cuando todo salió terriblemente mal. Desde esa empatía, forjamos un camino hacia la compasión y el perdón. Por eso, la decisión de Erik Killmonger de morir en lugar de ir a prisión genera emociones encontradas en los espectadores y, en última instancia, incluso conmueve a T'Challa, interpretado por el difunto Chadwick Boseman, quien abre las fronteras de Wakanda al mundo para que la muerte de su primo no fuera en vano.

La vida dista mucho de ser perfecta. No siempre será robusta, alegre y llena de gracia, pero al igual que nuestro planeta, es la única que tenemos, y depende de nosotros elegir qué hacer con nuestros propios obstáculos y períodos de oscuridad. Hay personas que, al igual que Loki, llaman la atención creando caos. Los llamo «tomadores» porque están en un viaje sin retorno para drenar la energía de cualquiera que esté a su lado. Otros prosperan incitando el miedo o la duda, alertando sobre peligros invisibles que probablemente ni siquiera existen. El problema es que si vives en un estado constante de duda o confusión, si tienes una perspectiva negativa de la vida, es posible que comiences a tejer tu propia profecía autocumplida de oscuridad e incredulidad. Porque la oscuridad atrae más oscuridad y solo crea un vacío mayor en tu camino.

Cuando intentes salir de uno de estos enormes y oscuros cráteres, al principio la luz te cegará, pero no te acobardes ante esa fuente de energía positiva. Ponte unas gafas de sol hasta que te acostumbres al rayo de esperanza y te familiarices con una nueva perspectiva. Eso fue lo que hice cuando pisé el extenso campus de unas doscientas ochenta hectáreas de la Universidad de Washington como estudiante. Sin duda, una luz resplandeciente. Me paré junto a la fuente Drumheller (también conocida como Frosh Pond por su asociación de hace cien años con bromas hechas a estudiantes de primer año) en el corazón del majestuoso paseo Rainier Vista, rodeado de edificios góticos universitarios y una mezcla de árboles que enmarcan la magnífica cordillera de las Cascadas cubierta de nieve a la distancia, y pensé: «No puedo creer que estoy acá. No puedo creer que esta sea mi universidad y que aprenderé de estas mentes».

Por fin estaba en un lugar donde podía expresarme con libertad, sin miedo a las repercusiones, y me sentía abrumada de gratitud por vivir una oportunidad tan increíble, incluso si todavía no podía comunicar del todo quién era en inglés. Pero leer y escribir no eran un problema, así que me sentía segura de tener este segundo idioma bajo control... hasta que llegué a mi escala en el aeropuerto de Los Ángeles, camino a Seattle, y un hombre me habló tan rápido que no pude entender ni una palabra. Un pánico silencioso se apoderó de mí. «Ay, dios mío, ¿qué hice? No sé qué está diciendo. ¿Mudarme acá fue la decisión correcta?». Después de quedarme mirando al hombre sin saber qué responder, me quité esas dudas de la cabeza y me dije: «Bueno, mejor que empiece a entender, porque esta es mi vida ahora». Le repetí lo que creía que decía y, tras algunos tropezones verbales y un par de risas, me llevó las valijas. Había llegado a la cima de la primera pequeña colina de muchas por venir. No fue fácil. Pero fue posible.

Al principio, me costó. Toda mi energía se centraba en sobrevivir al día a día en mi nuevo hogar. Gran parte de lo que somos se ve obstaculizado cuando nuestra comunicación verbal es limitada; es casi como si nos convirtiéramos en una silueta apenas esbozada de nosotros mismos. Y para alguien como yo, con una curiosidad inagotable y una mente hiperactiva, que prospera gracias a las interacciones sociales y el intercambio de ideas, me sentí bastante aislada. Dependía únicamente de la paciencia de los demás cuando charlábamos: a veces fluía y otras veces me tomaba un minuto extra canalizar y traducir mis pensamientos más complejos y luego expresarlos de una manera que comunicara mis pasiones, intereses y filosofías a la persona que esperaba en silencio a que formara mis oraciones. Esto enseguida me enseñó quién estaba interesado en conocerme de verdad y quién se esfumaba cuando yo no podía encontrar las palabras adecuadas en el tiempo esperado.

Sin darme por vencida, seguí adelante, decidida a mejorar mis habilidades para la conversación. No podía agregar otro curso a mi semestre ya repleto y no tenía tiempo para sentarme en el césped del campus tranquila a pasar el rato con nuevos amigos: era estudiante de tiempo completo, recién casada y camarera en el turno de la noche de Azteca, un restaurante de la zona. Necesitaba encontrar algo que me enseñara expresiones cotidianas, coloquialismos y pautas sociales durante los ratos libres entre clases. Así fue que entraron a mi vida las telenovelas *Days of Our Lives, As the World Turns* y *Santa Barbara,* con A Martínez, el primer protagonista latino de la telenovela estadounidense.

Sí, las telenovelas, a eso recurrí. Me enseñaron todo lo que necesitaba saber sobre cómo se expresan los estadounidenses y por qué cierta inflexión en una respuesta de «*All's well*» (Todo bien) a la pregunta «*How are you*?» (¿Cómo estás?) podía ser un símbolo de amabilidad, pero sin ganas de seguir conversando. Mejor aún, estas telenovelas extendían el mismo tema durante toda una semana. Los lunes, se revelaba el problema. Los martes, los protagonistas lo compartían con sus amigos o familiares. Los miércoles, los villanos se enteraban del problema y buscaban empeorarlo. Los jueves, los protagonistas se alistaban con la ayuda de sus seres queridos para luchar juntos contra el problema. Y para los viernes, el asunto solía resolverse, y nos quedábamos con un final de suspenso que abría la puerta a otro problema la semana siguiente. Este proceso lento me expuso a la repetición y a la discusión de un mismo tema desde diferentes perspectivas. Puede que no captara del todo la esencia del asunto el lunes, pero para el viernes comprendía por completo que el marido había asesinado a su esposa y, mientras él intentaba ocultar las pruebas, los demás intentaban desesperadamente sacarlas a la luz. Por el camino, si no entendía una palabra en particular, la buscaba enseguida en el diccionario y la repetía varias veces para consolidarla en mi creciente vocabulario. En pocos meses, por fin logré encontrar mi ritmo y romper la barrera del idioma que me había frenado desde mi llegada. Ahora solo tenía que encontrar un grupo de amigos para imitar lo que solía tener con mi propio grupo en La Plata. Eso sería más difícil de lograr.

Seattle es una ciudad maravillosa, repleta de árboles de un verde intenso, montañas impresionantes, lagos tranquilos e islas que salpican el estrecho de Puget. Se puede esquiar *y* jugar al tenis, si el tiempo lo permite. Incluso aprendí a vivir con la lluvia y a no dejar que me impidiera salir a correr o disfrutar del aire libre, pero seguía estando muy lejos de casi todos mis seres queridos. Extrañaba a mi mamá. Extrañaba a mis amigos. Extrañaba nuestras charlas. Por suerte, tenía a Jeff. Él fue mi luz en esa transición. Éramos grandes compañeros, y también era uno de mis mejores amigos. Como ambos estudiamos en la Universidad de Washington y teníamos horarios similares, íbamos juntos al campus. Luego pasábamos las tardes trabajando juntos en Azteca en el barrio de Federal Way. Cuando a él lo transfirieron a otra ubicación por las noches, yo me hice muy amiga de una camarera, Kathy, la mejor amiga que podría haber pedido. Es estadounidense, pero también habla español, así que siempre que me quedaba atascada a media frase con un cliente, ella me sacaba de apuros. A menudo, al final de nuestro turno, nos peleábamos por el guacamole, nos reíamos como niñas y luego íbamos en coche al supermercado local, abierto las veinticuatro horas, a hacer la compra antes de volver a casa. Con Jeff y ahora Kathy, la vida se volvió menos solitaria y me acoplé a mi rutina.

Durante los cuatro años siguientes, iba a la universidad de

ocho de la mañana a tres de la tarde, corría a casa, me ponía la ropa de trabajo y empezaba mi turno de mesera en Azteca de cuatro de la tarde a once de la noche, un trabajo que necesitaba, ya que mi ayuda financiera solo cubría lo mínimo indispensable para la universidad. Al terminar mi turno, volvía a casa con Jeff, me ponía a estudiar mientras me frotaba los pies adoloridos, me iba a dormir y repetía mi rutina al día siguiente. Por si fuera poco, al principio de cada semestre decidía buscar la luz asistiendo a las clases que quería tomar, incluso si ya estaban llenas. Los profesores siempre se me acercaban al final de la hora y me susurraban:

—¿Sabes que esta clase está cerrada, ¿verdad?

—Sí, lo sé —respondía con seguridad, y seguía asistiendo con esmero cada semana.

Sabía que, en algún momento, era muy probable que alguien abandonara la clase, y cuando eso sucediera, quería estar lista para conseguir ese lugar. También sabía que tenía que estar presente desde el principio para incorporarme oficialmente a la clase si surgía una vacante inesperada. Así que prioricé estar presente.

La idea de que algo no tiene por qué tomarse al pie de la letra, de que podemos convertirlo en lo que necesitamos, siempre ha sido parte de mí, de mi esencia. Como dice Kamala Khan en *Ms. Marvel*: «No hay nada normal. Solo nosotras y lo que hagamos con lo que se nos ha dado». Sí, las clases a las que me presenté estaban llenas y cerradas a nuevos estudiantes. Sí, lo más probable era que estuviera perdiendo el tiempo. Pero pensé que, si al final de las primeras semanas nadie había abandonado el aula y yo no podía entrar en el curso, al menos tendría ventaja al tomarlo el semestre siguiente porque el contenido me resultaría familiar y más fácil de digerir. Todas las clases a las que me anoté en lista de espera tuvieron un estudiante que las abandonó, y yo con gusto ocupé su lugar. Muchos profesores me dijeron que nunca habían visto a alguien tan decidido a vencer el sistema y encontrar otro camino. Está el núcleo de nuestras circunstancias (la clase está llena) y luego está la periferia (la posibilidad de que alguien la abandone). Siempre he mirado más allá de lo establecido; por eso tiendo a encontrar la mayoría de mis respuestas en la periferia. Limitaciones, obstáculos, desafíos, como quieras llamarlos, están ahí para impulsarnos a nuevas alturas y permitirnos contemplar la luz en la cima de la montaña.

Cuando llegó el momento de definir mi trayectoria profesional, elegí una doble especialización en Teatro y Psicología. Fue entonces cuando comencé a profundizar en lo que significa dar vida a una obra escrita y llevarla a un público en vivo. Me familiaricé con el tema con *Animal Farm*. Al ser elegida la gallina protagonista, no tenía demasiados diálogos, así que pude observar en silencio las idas y venidas no solo de los actores, sino también del equipo detrás del escenario, colaborando en lo que podía y aprendiendo sobre la marcha. Esto me llevó a descubrir aún más las vastas capas del Departamento de Producción Teatral... una escala diferente a la de la obra de la escuela secundaria y las experiencias en La Lechuza. Fue fascinante ser parte de eso. Las ilusiones que se podían crear mediante la ingeniosa iluminación, el sonido y la danza bien coreografiada que se desarrolla entre bastidores para dar vida a una obra en el escenario principal captaron mi atención y curiosidad. Y en ese momento, sin que yo lo supiera, se plantó otra semilla. Una que tardaría algunos años en germinar, pero que lo haría cuando estuviera lista para aspirar a esos supuestos techos de cristal.

Cuando la gente se pregunta qué obstáculos he enfrentado en mi camino, creo que suelen buscar una montaña muy sólida, pero yo veo esa montaña como la suma de las muchas piedras y piedritas que todos debemos enfrentar en el recorrido de nuestras vidas. Ningún camino es liso como la seda. Dejando de lado los acontecimientos que cambian la vida, que son los cráteres de los que hemos estado hablando, la vida cotidiana puede verse como una carrera de obstáculos. Salir de casa cuando tu hijo se niega a ponerse una campera en un día frío es un obstáculo. El tráfico es un obstáculo. El mal tiempo es un obstáculo. Que nuestro jefe nos pida que rehagamos una tarea que creíamos haber hecho bien es un obstáculo. Quedarse sin palabras en una reunión es un obstáculo. Estar en desacuerdo con tu pareja es un obstáculo. La mayoría de los días es probable que nos encontremos con al menos una de estas piedras en nuestro camino. Pero ¿qué elegimos hacer con estos impedimentos? ¿Dejamos que nos arruinen el día o podemos evitarlos y, en cambio, centrarnos en lo que es importante en ese momento? ¿Elegimos buscar la luz o sumergirnos en la oscuridad?

Piensa en esto: de las 1000 ideas que se me ocurrían en un día en Marvel, 998 eran rechazadas y solo 2 pasaban a formar parte de la conversación en el trabajo. Luego, una podía ser eliminada de la película o serie por su duración, mientras que la otra ¡era seleccionada! Al final del día, no me iba del trabajo centrada en las 999 ideas descartadas. Aunque mi promedio de bateo pudiera parecer pésimo, salía de ese espacio enfocada en la idea elegida. Me levantaba cada mañana con esa idea en mente, y me inspiraba a aportar otras 1000 ideas al día siguiente porque sabía que, aunque las otras 999 fueran rechazadas, ayudaban a llevar la conversación por nuevos rumbos. Sé que es más fácil decirlo que hacerlo. Pero ese es uno de mis secretos. A eso me refiero cuando hablo de vivir en la luz. No es fácil, pero es posible.

A mi mejor amigo, Alejo, le encanta decir que vivo cinco segundos por delante del tiempo. Poca gente puede ver más allá del ahora, mirar hacia el mañana y activarse, pero esa es también mi forma de vivir en la luz: vivir en la alegría de la posibilidad del mañana en lugar de aferrarme al dolor de las dificultades del ayer. Y es lo que también pretendo hacer con las historias en pantalla. A veces, todo lo que necesitamos para cambiar nuestra visión del mundo y atraer más luz a nuestras vidas es ver a más personas como nosotros en puestos que nos inspiren a aspirar a más, a hacer más, a ser más.

Durante tantas décadas hemos vivido en un mundo donde miles de niños de todo el mundo crecieron sin verse reflejados en la pantalla grande, en las revistas, en la televisión y más. Si nadie como tú tiene superpoderes o puede usar una capa o salvar al mundo, ser presidente, modelo, actor o periodista, es probable que haya una voz en tu mente que se pregunte: «¿Qué me pasa? ¿Por qué no hay más personas como yo?». Por suerte, eso ahora está cambiando. Porque, como dice el Instituto Geena Davis: «Si pueden verlo, pueden serlo». Es una reafirmación de que eres bueno tal como eres: tu belleza reside en tu singularidad.

Ser parte de ese cambio en la industria cinematográfica ha sido emocionante. Poder representar a una amplia variedad de personas (gais, heterosexuales, negros, morenos, blancos, ricos, pobres, delgados, voluptuosos, sordos, ciegos, bajos, altos) en las películas y series de Marvel nos permitió decirle al mundo que a una persona no le falta nada si no encaja en el «molde estándar». Todos albergamos una serie de habilidades únicas que nos permitirán triunfar. Tener la oportunidad de mostrar esto en forma de superhéroe fue como tener un gran postre y coronarlo con una cucharada de dulce de leche.

Este es nuestro momento dulce de leche, una oportunidad para dar visibilidad a aquellos que siempre se han sentido invisibles, para mostrar que existe un mundo de posibilidades para todos, sin importar nuestras circunstancias. Y ese mundo no está sólo en la pantalla grande, está dentro de ti. Las películas son, en parte, un conducto para ayudarnos a hacerte llegar este mensaje. A menudo, cuando alguien se ve reflejado en una historia, esta puede servir como el catalizador que necesita para cambiar su perspectiva y comenzar a ver destellos de luz en cualquier oscuridad que esté enfrentando. El objetivo final no es solo tener personajes que nos muestren el alcance de las emociones humanas, sino también representar a todos los niños.

En la industria cinematográfica existía la creencia generalizada de que las historias como *Pantera Negra* y *Capitana Marvel* nunca funcionarían, que serían un desastre fiscal porque un elenco negro y una superheroína no serían éxitos de taquilla en el fin de semana de estreno. El problema era que las estadísticas que necesitábamos para respaldar nuestros presupuestos y conseguir su aprobación bajo los niveles fiscalmente responsables no existían. Por lo tanto, en teoría, no eran buenas ideas, pero en el fondo sabíamos que sí lo eran. Así que avanzamos hacia la luz. En lugar de enfocarnos en los obstáculos con los que nos topábamos todo el tiempo, decidimos centrarnos en hacer las mejores películas posibles y dejar que hablaran por sí solas.

Parece una decisión arriesgada, ¿verdad? Sin duda lo fue. Pero así es la industria cinematográfica: nunca se sabe realmente si será una buena película o un gran éxito a menos que la hagas. Esas dos películas no solo recaudaron más de dos mil millones de dólares, también nos ayudaron a crear las estadísticas para demostrar que vale la pena contar historias como estas dos en el futuro.

Cuando la gente ve *Pantera Negra* o *Capitana Marvel* ahora, es posible que piense que son obvias, pero no tiene idea de los obstáculos que enfrentamos para hacerlas despegar. Me alegro de que se hayan convertido en éxitos de taquilla, pero si no lo hubieran sido, aún habrían proporcionado una valiosa lección: debemos tomar riesgos sin importar si al final darán frutos.

Tomar riesgos nos impulsa a forjar un espacio para nuestros sueños y allanar el camino para hacerlos realidad. Y el fracaso no es oscuridad, ni un cráter, ni una traba, ni un obstáculo: es una lección sobre el crecimiento. Mi visión del mundo y las decisiones que tomé allanaron el camino hacia mi floreciente carrera. No creo que hubiera llegado tan lejos si me hubiera quedado estancada en los cráteres que tuve que afrontar desde temprana edad. Así que acepta el golpe, afróntalo, levántate y sigue avanzando hacia la luz. Considera tomar cartas en el asunto cuando te caigas. Considera un momento de luz cuando tu perspectiva se sienta sombría. Considera las posibilidades que tienes ante ti. La decisión es tuya. Tienes el poder de vivir por encima de tus demonios, porque eres luz. Y la luz atrae la luz.

5

¿Por qué no?

«Sólo podemos dar lo mejor y a veces lo mejor que uno puede hacer es iniciar de nuevo».

—PEGGY CARTER, *CAPITÁN AMÉRICA Y EL SOLDADO DEL INVIERNO* (2014)

¿Qué tan diferente sería tu vida si consideraras verdadera y honestamente tus opciones y aprendieras a vivir en un estado de mayor posibilidad?

Si no hubiera considerado solicitar un programa de intercambio para mejorar mis conocimientos de inglés, que me llevó a San Diego, no habría tenido la oportunidad de conocer otra forma de vida. Si no hubiera considerado casarme con un hombre que vivía en Seattle, no habría ido a la universidad allí. Si no hubiera considerado hablar con un amigo de un amigo sobre trabajar en producción, no habría emprendido una carrera de más de treinta años que me llevó a ser presidenta de efectos físicos y postproducción, efectos visuales y animación en el estudio con la franquicia cinematográfica más taquillera de todos los tiempos. Y todo empezó con mi madre, con su fe en mí. De niña, nunca me dijo que no podía. Recuerda, siempre decía: «Si se hizo, se puede hacer. Y si no se hizo, hay que hacerlo». Eso creó un umbral lo suficientemente grande como para que lo cruzara. Desde entonces, por pequeña o descabellada que pareciera la idea, decidí considerar siempre todas las posibilidades y preguntarme: «¿Y si lo hago? ¿Por qué no?».

Las posibilidades se presentan de muchas formas. Son los riesgos que corremos; inspiran las decisiones que tomamos; son las puertas que decidimos abrir y los caminos que nos llevan a encontrar y forjar nuestro camino. Pero ¿qué es el camino? Plantéate esta pregunta: si pudieras ser o hacer cualquier cosa, ¿qué elegirías? En la vida de todos, seamos capaces de aceptarlo abiertamente o no, hay cosas que nos atraen de forma innata. Veo el camino como nuestra pasión, nuestra vocación, esa fuerza que nos atrae, que nos pasa por la mente todo el tiempo, aunque parezca inalcanzable. Es esa constante en nuestras vidas que, sin importar cuántas puertas nos cierren en la cara, siempre mantiene nuestra luz. Ese camino se revelará como nuestro propósito.

A veces nuestros caminos no están definidos con tanta claridad desde el principio. A veces creemos seguir nuestro propio camino, solo para darnos cuenta en el medio de que, en realidad, era el camino que alguien más imaginó para nosotros. Digamos que creciste con padres tradicionales. Es posible que te hayan marcado implícitamente un camino determinado según sus expectativas sobre lo que querían para ti: casarte con alguien del sexo opuesto, tener hijos a cierta edad, mudarte de la peligrosa ciudad a una casa más segura en las afueras. Si el camino te parece correcto, genial. Pero si no es así, si algo te lleva en una dirección diferente, impulsándote a considerar otras posibilidades, quizá sea el momento de silenciar el ruido y las conversaciones a tu alrededor y escuchar con sinceridad tu propia voz. La decisión siempre es tuya. Simplemente escucha.

Hay una voz constante que permanece viva dentro de nosotros a lo largo del tiempo y el espacio, sin importar cuántos obstáculos o situaciones, de la manera que sea, intenten acallarla a lo largo de los años. Ese es el camino hacia quienes somos. Nuestro propósito. El camino puede ser tu realidad, o puede ser algo que anhelas y sueñas, pero que no estás siguiendo... todavía. A menudo, las personas eligen no seguir su verdadero camino porque puede exigir demasiados cambios, demasiado esfuerzo, sin la garantía de que vaya a funcionar. El miedo a lo desconocido, a no estar seguro de si estás siguiendo el camino correcto, puede detenerte. «¿Y si me equivoco y todas estas personas tenían razón?».

Es difícil abandonar lo que sabes que te dará algo por otra cosa que quizás podría darte mucho más aun cuando ese potencial no sea si quiera una garantía. En última instancia, esa es una conversación que solo puedes tener contigo mismo. Pero si no te lanzas, si no consideras esa posibilidad, si no escuchas tu voz, te arriesgas a cerrar y silenciar una parte de ti. Y al no prestarle atención a esa parte de ti, poco a poco comenzarás a socavar tu luz interior, hasta que al final se atenúe y se apague, a veces para siempre.

Mi matrimonio con Jeff fue sólido durante la universidad; formamos un gran equipo. Después de graduarse, empezó a trabajar en Alaska Airlines, donde tenía acceso a boletos de lista de espera asequibles que nos permitieron viajar por el mundo durante los siguientes dos años. Recorrimos Europa, visitamos Jamaica y pasamos tiempo valioso en Argentina con mi familia y amigos. Volar en lista de espera requería flexibilidad. En algunas ocasiones, salíamos de casa pensando que nos dirigíamos a París y terminábamos en Ámsterdam debido a un vuelo lleno imprevisto. Pero simplemente nos dejamos llevar. Viajar es un interesante barómetro de relaciones; saca a relucir nuestras ansiedades, nuestros niveles de comodidad, quién está bien improvisando en otro idioma, quién está bien haciendo reservas o siguiendo instrucciones y, en última instancia, cómo reaccionamos cuando las cosas no salen según lo planeado. Jeff y yo viajamos bien juntos, pero en general, al llegar, queríamos hacer cosas diferentes. Él quería aprovechar al máximo cada viaje visitando los museos y lugares emblemáticos más importantes, mientras que yo quería sentarme en un café, observar a la gente, charlar y procesar mi entorno y absorberlo todo. Ninguna de las opciones era correcta o incorrecta; simplemente era diferente, a tal punto que recuerdo haber tenido una fugaz reflexión al volver a casa de uno de estos viajes: «¿Seremos capaces de mantener esto a largo plazo?». Son esos momentos de lucidez que tenemos en las relaciones o en nuestras carreras, que enterramos como pensamientos tontos y años después nos preguntamos por qué no les prestamos más atención.

Con el tiempo, las pequeñas grietas en nuestro matrimonio se convirtieron en un cráter imposible de ignorar. Era un buen amigo, pero creo que hacia el final de nuestra relación nuestra disparidad se hizo más fuerte que nuestra conexión. Hubo momentos dolorosos, diferencias irreconciliables. Y, después de varios años, mi graduación y dos mudanzas, —primero a San Francisco y luego a Los Ángeles—, llegó el momento de dar la relación por terminada y forjar un nuevo camino. De repente pasé de ser una veinteañera casada a estar sola por primera vez en mi vida adulta. Tuve que buscar compañero de piso y conseguir otro trabajo en una ciudad dentro de todo nueva para llegar a fin de mes. Sin embargo, aunque fue una transición dolorosa, no dejé que oscureciera las posibilidades que ahora tenía a mi alcance.

Una de mis frases favoritas de *Avengers: Endgame* es entre Thor y su madre, Frigga. Thor ha retrocedido en el tiempo para ver a su madre, y ella está preocupada porque él no parece estar bien: ha engordado mucho, se ha descuidado y parece haber tirado la toalla. Al notar lo triste y deprimido que está, Frigga dice: «Todos fracasan en lo que se supone que deben ser, Thor. La grandeza de una persona o de un héroe se mide por qué tan lejos llega siendo quien es». Estas palabras han resonado de manera profunda en mí y se han mantenido muy presentes desde que las leí en el guion. Es muy sabio que Frigga señale que el único éxito por el que su hijo debería preocuparse es ser la mejor versión de sí mismo que pueda ser. No el yo de otra persona ni la idea del yo. Su propio yo. El camino para descubrir ese yo se basa en el propósito que llena nuestro tiempo libre de forma constante y se mantiene incluso cuando lo ignoramos. Conéctate con ese sentimiento para encontrar tu mejor versión. Elige el camino que te haga sentir completo. No dejes que otros definan tu futuro basándose en las posibilidades que ven para ti. Al hacerlo, limitas esas posibilidades a lo que creen que deberías ser, en lugar de abrirte a tus propias esperanzas y sueños para permitirte ser tú mismo. Cuando te enfrentas a la posibilidad de crear tu propio camino, por más aterrador que parezca hacerlo solo, vale la pena considerarlo y darle una oportunidad porque nunca se sabe a dónde puede llevarte.

Yo estaba convencida de que si quería contar historias tenía que ser actriz. Eso fue lo que hice años antes en el teatro en Argentina, y luego en la universidad en Seattle, así que lo di por sentado. Al adaptarme al ritmo de mi nueva ciudad, Los Ángeles, una cosa estaba clara: tenía que organizar mi vida para sobrevivir y también para afrontar la rutina semanal de audiciones. Es decir, tenía que explorar diferentes avenidas que me permitieran seguir mi camino. Estaba en proceso de divorcio. No tenía mucho dinero y me negué a pedirle ayuda a mi madre, así que conseguí un trabajo en Alaska Airlines como agente. Enseguida vieron mi bilingüismo como una ventaja y me pusieron a cargo de las salidas y llegadas internacionales, ya que tenían varios vuelos desde y hacia México. Otra ventaja: este trabajo me proporcionaba seguro médico. Pero lo que más me gustaba era que podía comer las sobras de la comida de primera clase, lo que cubría al menos una de mis comidas mientras estaba de turno.

Luego conseguí otro trabajo durante los fines de semana como mesera en Black Angus. Me encantaba ser mesera y me decían que era muy buena. Ya tenía cinco años de experiencia en el restaurante mexicano Azteca en el área metropolitana de Seattle, donde había trabajado cuando era estudiante universitaria. En ese entonces, conocía a las familias, conocía a los niños; había algunos clientes habituales que venían al menos una vez a la semana. Los vi reír y pelear, los vi enamorarse y vi cómo enseñaban a sus hijos a tener cuidado de no quemarse la boca al comer los frijoles calientes. Estas personas eran parte de mi familia laboral, y cada uno de esos detalles me llenaba el corazón. Mi experiencia con Black Angus no fue tan íntima porque pasé menos de un año ahí, con muchos menos turnos, pero sí pude comer filete todos los fines de semana.

Entrar en los estudios de Los Ángeles sin tener conexiones puede resultar abrumador, pero estaba decidida a encontrar la manera. Buscaba mi oportunidad única, la puerta lateral que me permitiera entrar y demostrar que tenía lo necesario, aunque no tuviera las credenciales ni la experiencia. Antes o después de mis turnos de trabajo, conducía hasta los estudios, estacionaba y entraba como si supiera adónde iba. Cuando un guardia se acercaba, le echaba un vistazo rápido a su credencial y le decía: «Hola, John, ¿qué tal?», como si nos hubiéramos visto el día anterior. Respondían con un desconcertado: «Hola...». Mientras intentaban ubicarme, yo simplemente saludaba con la mano y seguía de largo. La semana siguiente, pasaba y decía: «¡Hola, John!», y recibía una sonrisa y un «Qué tal?». Para la tercera semana, el guardia ya sabía mi nombre. Una vez, uno de los guardias me detuvo y me preguntó: «¿Dónde trabajas?». Y le respondí con sinceridad, en un susurro: «La verdad es que todavía estoy intentando conseguir trabajo». Asombrado por mi perseverancia, me dijo: «¿Sabes qué? Voy a hablar con alguien de adentro».

Mi charla tampoco se detuvo en la entrada. Una vez adentro, en los cortes para tomar café o fumar me acercaba a las personas para hablar un ratito, y ellos me señalaban dónde encontrar a otras personas. Al final, alguien decía: «Oye, ese departamento está contratando gente». Así es como me convertí en guía de los estudios Paramount. Afuera, nadie estaba contratando. Pero al estar adentro, incluso solo como observadora, estaba lista y dispuesta para cuando al fin se abriera una puerta, tal como lo estuve durante la universidad como estudiante esperando a que alguien abandonara la clase. Ahora bien, no estoy recomendando este camino para todos. Es muy probable que, hoy en día, en esta era de mayor seguridad, no funcionara tan bien; pero mi punto es que siempre existe una posibilidad si estás dispuesto a decir «¿Por qué no?» y explorarla. La posibilidad de no encontrar trabajo nunca se me pasó por la cabeza. Lo que sí pensé fue: «Espero que el trabajo que consiga me guste».

Me encargaba de las giras y trabajaba en las comedias de tres cámaras y los programas nocturnos. ¿Y saben qué? También me daban de comer; los espectáculos en vivo suelen ofrecer comida a su personal. ¿Ven una tendencia emergente? Sí, mis trabajos giraban en torno a la comida, pero la verdad es que no soy ni mucho menos una *gourmet* empedernida. Se trataba más de sobrevivir, un medio para un fin. Ganaba justo lo suficiente para pagar el alquiler y el coche, así que aprender a buscar comida sin tener que preocuparme por ese gasto específico fue un gran alivio. Si no tenía nada en casa, ayunaba por la mañana sabiendo que al final podría comer en uno de mis tres trabajos ese día. Esta situación también significaba que no tenía que cocinar, lo cual me parecía bien. Sé hacer asados, pero no me gusta mucho trabajar en la cocina. Así que ahí lo tienen, tres caminos diferentes que me proporcionaron seguro médico, comida y un pie en la puerta de un estudio, lo cual me ayudó a seguir adelante en mi camino.

Cuando recuerdo mis tiempos de guía en Paramount, me lleno de liviandad; eran los comienzos de mis sueños. Soñaba con Hollywood, con las posibilidades de lo que podría suceder en mi carrera. Mi compañera y amiga Jeanie King, quien ahora es vicepresidenta de producción y productora ejecutiva sénior de efectos visuales en Industrial Light & Magic (ILM), y yo tomábamos el carrito de golf en nuestros descansos y conducíamos hasta el estacionamiento, que a veces se transformaba en el Tanque Blue Sky para filmar escenas acuáticas, y soñábamos despiertas con nuestros planes para el futuro y dónde estaríamos dentro de veinte o treinta años. Nos comprometimos a mantener el contacto sin importar adónde nos llevara nuestro camino, y, efectivamente, seguimos trabajando juntas hoy en día. Yo ofrecía visitas guiadas por el estudio y los escenarios, y contaba la gloriosa historia de Paramount, el estudio en funcionamiento más antiguo de Hollywood, y la extensa lista de actores famosos que habían pasado por la emblemática puerta llamada Bronson Gate: desde Gloria Swanson, Mary Pickford,

Rodolfo Valentino y Douglas Fairbanks hasta Bing Crosby, Marlene Dietrich, John Wayne y Elvis Presley. Pero mi historia favorita era la de la fuente justo al otro lado de esa puerta. Hasta el día de hoy, no estoy segura de si es real o no, pero la leyenda cuenta que la fuente se añadió frente a los edificios de dos plantas que flanqueaban la puerta para amortiguar las conversaciones privadas que se filtraban por las ventanas abiertas en los calurosos días de verano (es decir, hasta que el aire acondicionado se popularizó).

Cuando veía pasar a gente famosa, aprendí a mantener la calma, ya que era parte de mi trabajo, hasta que un día, mientras conducía despacito por uno de los lotes traseros, alguien me dijo: «Hola, ¿sabes cómo llegar al estudio ADR?». Ese es el lugar donde hacen el reemplazo automático de diálogos, el estudio donde muchos actores van a regrabar ciertas partes del audio de una película en un ambiente más silencioso para mejorar la calidad del sonido de sus diálogos. Levanté la vista y, al ver a la persona detrás del hombre que me hablaba, pensé: «¡Ay, dios mío, dios mío, ¡es Robert De Niro!». Mi corazón se aceleró. Los créditos de sus películas recorrían mi mente: *Taxi Driver*, *Raging Bull*, *The Untouchables*, *Goodfellas*, *Awakenings*. ¡Ahhh! Deslumbrada, solo respondí: «Sí, sí, sé cómo llegar». Y eso fue todo. No les di indicaciones para llegar al escenario de ADR, ni siquiera una pista. Simplemente me quedé en silencio. El tipo me miró, un poco desconcertado. «Bueno, ¿y dónde está?». Y con eso, volví a la realidad y enseguida respondí: «Ah, suban, y los llevo». Así que ahí estaba yo con Robert De Niro en el asiento trasero de mi carrito de golf, y solo podía pensar: «¡Qué boluda! Se me trabó la lengua por completo con el señor De Niro». Fue muy dulce y amable, al igual que su equipo, y cuando llegamos a su destino les dije: «Lo siento mucho, no supe qué decir cuando lo vi». Sonrieron con complicidad. «No pasa nada, te pusiste un poco tímida», dijo uno de los tipos que estaban con el señor De Niro. Les devolví la sonrisa mientras me saludaban y se alejaban.

A lo largo de los años, he seguido mi camino, pero, como han visto, mis calles han variado. A veces han sido accidentadas; a veces, un poco más tranquilas. Ya sea una calle de tierra, una adoquinada o de cemento recién vertido, caminaré sobre cualquier cosa para seguir mi camino (excepto, quizás, clavos... En fin, cada uno tiene su límite). Por favor, considera estas diferentes calles cuando las encuentres. A veces pueden ser más cortas y directas; otras veces se pueden desviar por sendas alternativas que retrasan tu viaje pero te enseñan una valiosa lección; y a veces puedes elegir un pasaje o un callejón sin salida que simplemente te exponga a hermosos paisajes, llenándote de inspiración y permitiéndote retomar tu camino y sentirte más ligero y libre que antes. Todas las posibilidades son emocionantes, siempre y cuando no se desvíen demasiado de tu camino principal, porque todas tienen un mismo propósito: la experiencia.

Siempre que me llamaban para una audición, cambiaba mis turnos para adaptarme a la oportunidad y poder presentarme.

Conseguí algunos papeles en las producciones de la Fundación Bilingüe de las Artes porque hacían obras tanto en español como en inglés, así que encajé bien allí. Y trabajé con el Grupo de Teatro SINERGIA y su director artístico, Rubén Amavizca, con quien sigo en contacto hoy en día. Pero en el mundo de la televisión y el cine, mis momentos destacados se redujeron a algunos papeles secundarios en las telenovelas *The Young and the Restless, The Bold and the Beautiful* y *Thirtysomething*. Me eligieron como niñera en *The Bold and the Beautiful* y solo tuve dos líneas: «*Hello, Mr. Spencer*» (Hola, señor Spencer) y «*Mark had a wonderful day*» (Mark tuvo un día maravilloso). Fin de la escena. Pero este fue el mejor trabajo de los tres. No solo pude decir dos líneas, sino que también pude estar en el set como miembro del jurado en una escena de la corte que tomó tres semanas enteras filmar. ¡Dios bendiga la intriga y las telenovelas por repetir la historia durante toda la semana!

La vida y sus posibilidades funcionan de maneras misteriosas: las telenovelas que me habían enseñado inglés conversacional y pautas sociales siete años antes eran ahora las pocas que me daban papeles pequeños. Pero no pasaba seguido: recibía muchos más *no* que *sí*. Sin embargo, cada noche, me sentaba en la pequeña sala de mi apartamento y, en lugar de enfocarme en los rechazos del día, me concentraba en las lecciones. Hubo momentos en los que no aprendí mucho sobre el proceso de audición en sí, pero sí aprendí mucho sobre mí misma. Me imaginaba las diferentes calles que podría tomar a continuación, con la esperanza de que alguna me llevara a un resultado positivo. Obviamente, sabía que el rechazo era parte del mundo de la actuación, pero un par de años después empezó a pasarme factura. Después de un sinfín de audiciones, me di cuenta de que siempre recibía los mismos comentarios:

«Eres demasiado alta».

«Eres demasiado baja».

«Estás demasiado gorda».

«Estás demasiado delgada».

«Tienes acento».

«No tienes acento».

«No pareces latina, ¿lo eres?».

«Eres demasiado blanca».

Nunca me importaron las calles que tuve que tomar para seguir mi camino, pero también empecé a comprender que había un límite a la cantidad de rechazos que estaba dispuesta a soportar. Esto no era para mí. Respeto mucho a los actores porque, para soportar el rechazo invariable que conlleva ese oficio, no se lo pueden tomar a pecho. Y yo resisto bastante, pero no conseguir un papel me molestaba, y luego saber en el fondo que me inquietaba algo que no era realmente mi camino me molestaba aún más. Estoy segura de que los directores de *casting* y los productores también lo veían. Podía aceptar algunos rechazos lógicos, pero cuando se trata de ser rechazado como actor, la mayoría de las veces desconoces las razones por las que no consigues los papeles. Y eso no encajaba con mi personalidad. No podía vivir mi vida en suspenso, a merced de los criterios de otra persona. No quería que mi destino estuviera en manos de otros a ese nivel. Que alguien más decidiera mi futuro no va con quien soy. Hay personas que pueden esperar la llamada de

«¡Conseguiste el papel!», y, créeme, amamos a esas personas, necesitamos a nuestros actores. Pero lo único que yo quería hacer cada vez que no recibía esa llamada era ir a la oficina de producción para averiguar por qué, y hablarlo para ver si podíamos solucionarlo o si podía aprender de esa situación para no repetir el mismo error. Era una productora innata, ¡y ni siquiera lo sabía!

Un *no* es una limitación de algo. Cuando considero un *no*, hasta el día de hoy, siempre me interesa el *porqué*. Tanto es así que cuando alguien de mi equipo dice, «No, no podemos grabar eso», siempre profundizo en esa limitación (¿es un problema de dinero, de tiempo, del clima o algún otro obstáculo?) y veo si podemos llenar ese hueco, darle la vuelta a ese *no* y hacer posible lo que alguien declara imposible. Nos enfrentamos a este tipo de limitaciones a pequeña y gran escala a diario en casi todos los sets, e hicimos todo lo posible para superarlas cuando fue posible. Tomemos, por ejemplo, la serie de televisión *Loki* de Marvel. Cuando comenzamos a filmar, Sophia Di Martino, la Loki femenina, tenía un recién nacido en casa y estaba amamantando, lo que significaba que necesitaba tomar descansos para extraerse leche para su bebé. Pero el traje hizo que todo el proceso fuera increíblemente incómodo, así que vino a nosotros y nos explicó la situación. El vestuario ya estaba hecho, pero hablamos con nuestra diseñadora de vestuario, Christine Wada, y ella se puso a trabajar y personalizó el atuendo de Sophia agregando cierres ocultos para facilitar el acceso cuando necesitaba extraerse leche. Este es un pequeño pero excelente ejemplo de trabajo en equipo, el resultado de contar con más mujeres en el set para comprender la situación y lo que ocurre al considerar otras posibilidades. Al final, cuando los actores se sienten más cómodos interpretando sus papeles, la escena mejora, así que fue un triunfo para todos.

Otro *no* que convertimos en *sí* en Marvel ocurrió cuando nos encargaron el rodaje de fotografía adicional al final de *Thor: Un mundo oscuro*. Nos enfrentamos a un dilema porque el director, Alan Taylor, tuvo que quedarse en Los Ángeles para terminar la película, y teníamos a Natalie Portman y Chris Hemsworth en dos partes diferentes del mundo. Habría sido imposible reunirlos a todos en el mismo lugar, así que tuvimos que encontrar una manera de sortear esta limitación. Pusimos en funcionamiento la tecnología y decidimos filmar a Chris con una doble, que resultó ser su esposa, para la escena final del beso después de los créditos finales, y luego compusimos la toma. Podríamos haber dicho que *no*, y no hubiésemos tenido esa escena que se viralizó, pero en lugar de eso, consideramos las posibilidades y la hicimos realidad.

Sin embargo, en diferentes producciones, cuando se exploraron todas las opciones y concluimos que ninguna tenía sentido, a menudo era yo quien decía que no. Pero me rodeé de un equipo que, como yo, no aceptaba un no por respuesta sin luchar por la posibilidad de un sí. Por ejemplo, una vez, mi equipo me preguntó si podíamos terminar la sincronización de color de nuestros proyectos de televisión internamente en lugar de contratar a un proveedor externo, y después de considerarlo, dije que no. Les expliqué que creía que implicaría gestionar a un grupo aún mayor de personas y que les quitaría mucho tiempo... tiempo que no teníamos de sobra. Además, habíamos estado trabajando sin problemas con los proveedores, así que no me pareció lógico. Pero insistieron con su idea: «Déjanos mostrarte cómo podríamos hacerlo». Acepté y, al contrario de lo que había concluido, llevar estas tareas internamente hizo que el proceso fuera más eficiente y menos costoso, ya que reducía las horas que dedicábamos a enviar y recibir archivos a un proveedor. Así que me dirigí a ellos y les dije: «Tenían toda la razón, gracias por insistir en mostrarme esta posibilidad». No se trata de quién tiene razón o quién no; así no se comporta un narrador, así se comporta un ególatra. No necesito tener razón. Necesito apoyar cualquier plan que ayude a mejorar nuestras películas.

Por supuesto, a veces, simplemente no hay forma de evitar un *no,* y eso no debe ser un problema, siempre y cuando te hayas tomado el tiempo de considerar todas las posibilidades de antemano. La clave es mantenerte abierto y dispuesto a escuchar, porque puede que haya una razón detrás de ese *no,* y es algo que vale la pena considerar al tomar decisiones futuras. O aunque sea para crecer. Creo que puedo decir con seguridad que he obtenido más de cada *no* que he recibido, que de algunos *sí,* porque esos *no* me enseñaron algo o me inspiraron a tomar otro camino que me llevó a un resultado inimaginable. Así que, es cierto, vivo en un mundo de posibilidades, pero también entiendo que a veces lo que esperamos no funcionará. Y es entonces cuando tenemos que aprender a soltar. La clave para no estancarnos es saber *cuándo* soltar. El poder del *no* me llevó a una senda de resiliencia. Una senda que he recorrido extensamente en mi camino hacia el éxito. A veces, encontrar un *no* abre una puerta necesaria en el camino hacia tu propio propósito.

Un día, durante esos primeros años de audiciones en Los Ángeles, después de pasar por la amansadora de rechazos demasiadas veces, al final pregunté:

—¿Quién toma las decisiones?

—Los productores —dijo el director de *casting*.

«Entonces eso es lo que voy a ser», me dije. Me desprendí. Estancarme no me va.

La verdad es que soy una actriz terrible. No puedo aprenderme las palabras de los demás, porque siempre quiero darle mi toque. Si me das un guion, empiezo a leerlo y luego hago una pausa y digo: «Me parece que yo no lo diría así». ¡Esa debería haber sido la primera señal de que actuar no era para mí! En el fondo, no me interesaba encarnar a nadie; quería ser yo misma. Había estudiado actuación porque era lo que conocía: el escenario representaba seguridad, pero no me resultaba natural. Un actor de verdad, y uno bueno, sabe cómo integrarse con el guion que le dan para convertirse en el personaje que interpreta. Mientras tanto, yo quería adaptar el arduo trabajo del guionista a mi personalidad.

Hasta entonces, no entendía del todo que formar parte de este mundo del entretenimiento, contar historias, no significaba solamente estar frente a la cámara. Cuando me di cuenta de que también podía ser fiel a mi camino si estaba *detrás* de la cámara, fue un antes y un después. Llegué sorteando los obstáculos de la vida, pero todas esas calles y avenidas me llevaron a ese momento, a ese cambio de objetivos, a esa corrección de rumbo, y nunca miré atrás. Estaré por siempre agradecida por esa serie de rechazos y esas audiciones fallidas, porque me hicieron cuestionar mi senda actual y luego encontrar una diferente que me permitiera seguir en mi camino.

A medida que cada pieza del rompecabezas iba tomando forma, un día hablé con mi amiga Alison de Alaska Airlines sobre cómo estaba considerando cambiar a producción, y me dijo:

—Creo que serías genial en producción. Oye, deberías hablar con mi amiga Carla.

Carla era asistente de dirección y podía darme ideas sobre la producción de televisión y cine, algo de lo que no sabía nada.

—Sí, me encantaría charlar con tu amiga —respondí sin dudarlo. Y en ese momento, me cayó una ficha.

Parte de la razón por la que estoy donde estoy hoy es porque nunca cerré la puerta a la posibilidad, ni una sola vez. Ni siquiera ahora. Siempre tengo la mente abierta y digo: «Claro, lo haré». «¿Qué? Bueno, haré eso también». Nunca se sabe qué puerta se abrirá con ese sí. Para alguien como yo, que se nutre de la curiosidad y se aburre con facilidad, aprender es justo lo que necesito en mi vida. Al considerar la posibilidad y decir que sí a conocer a Carla, la amiga de Alison, se me allanó el camino para un giro inesperado en mi trayectoria profesional.

—Hay un puesto de asistente de producción disponible.

Alison me contó que podría interesarte —me dijo Carla cuando hablamos.

—Sí, lo intentaré, pero no sé nada de producción. Nunca lo he hecho antes.

—No te preocupes —respondió—. Yo te enseño.

En ese momento, decidí dejar la actuación y empezar a dedicarme al rol de productora con capacidad de decisión. En cierto modo, era un papel que había estado encarnando desde que falleció mi padre y comencé a llenar los huecos en mi vida familiar; incluso se filtró a mi comportamiento en la escuela y con mis amigos. Me involucraba de forma natural y ayudaba a producir una reunión, un evento, una fiesta. Mi casa era el lugar de encuentro para cualquier plan que mis amigos y yo hiciéramos los fines de semana o durante las vacaciones escolares. Coordiné y produje reuniones estudiantiles, produje mi oportunidad de estudiar en el extranjero y produje mi mudanza a Estados Unidos. Parte de buscar una carrera que me diera más control sobre mis decisiones fue sanar la cicatriz emocional de la pérdida de mi padre. No pude controlar ese hecho que cambió mi vida, pero sí pude controlar otras áreas. Con el tiempo, el trayecto se convirtió en algo más que compensar esa pérdida; se convirtió en una carrera gratificante. Han pasado más de treinta años, y he disfrutado cada día desde entonces.

La belleza de la vida está en las curvas, en las diferentes calles que te llevan por tu camino. Y esas curvas lo son todo. Cuando me preguntan por qué hice algo o cómo llegué a donde estoy hoy, suelo decir: «Porque lo consideré, porque consideré la posibilidad».

Las sendas de posibilidades que conducen a nuestro camino nos llevan a puertas que nos abren viajes imprevistos. En nuestra película *Doctor Strange: Hechicero Supremo*, Benedict Cumberbatch interpreta al renombrado cirujano Stephen Strange, quien, tras un accidente que le lesiona las manos y pone fin a su carrera, emprende una búsqueda para sanarse. Esto lo lleva a Kamar-Taj, una ciudad tibetana escondida en las profundidades del Himalaya. A pesar de su mente científica y su arrogancia, él considera la posibilidad de encontrar al Anciano y tiene que llamar a una puerta real para entrar en el complejo. Al arriesgarse, al considerar una posibilidad que no encajaba en su esquema y al cruzar ese umbral, descubre una hoja de ruta completamente nueva que le permitirá continuar su camino para ayudar a la humanidad con sus manos, aunque no como lo había imaginado. No llega a esta puerta de inmediato. Le lleva meses de ensayo y error, dolor y arrebatos, pero considera cada posibilidad y abre cada una de esas puertas en el camino hasta encontrar la que lo lleva de vuelta a su propósito. Si el Doctor Strange no hubiera buscado alternativas para sanar sus manos, no habría descubierto esa puerta especial que lo abre a otra dimensión en su camino y le da una razón para vivir.

Cada puerta es el comienzo de algo. Ábrela, ve adónde te lleva y no te preocupes demasiado si no funciona. Parte de vivir con posibilidades es saber que habrá puertas que se cerrarán. Pero no deberían definir tu próximo paso. No te quedes atascado en la cerradura de la puerta que no se mueve. Si estás seguro de que ahí hay un camino para ti pero no puedes entrar por la puerta principal, busca otra forma de entrar, sea por una puerta lateral, una ventana o un tragaluz, porque esa próxima puerta podría tener lo que has estado buscando todo este tiempo. ¡Aunque sea la puertita para perros!

Piénsalo: si estás en una fiesta, nadie te va a preguntar «¿Entraste por la puerta principal o por el garaje?», porque en general asumirán que usaste la entrada principal como todos los demás. ¿Sabes qué? A nadie le importa *cómo* llegaste a ese lugar: lo hiciste, estás dentro. Estás en la fiesta, estás en la reunión, estás en la mesa, estás en la sala. Lo que importa ahora es lo que hagas una vez que estés ahí. Esta ha sido una parte esencial de mi trayecto.

Quizás, al principio, no sepamos bien de qué somos capaces, pero si conocemos nuestras limitaciones y en qué no somos tan buenos, entonces podemos empezar por ahí. Mi trayectoria profesional comenzó cuando descubrí en qué no era buena. Intenté actuar, pero el proceso no me trajo la felicidad que esperaba encontrar. Y el torrente constante de rechazos, en cierto modo, desencadenó mis problemas de abandono, que arrastraba desde que falleció mi padre. No podía seguir poniendo a la pequeña Victoria en esa situación. Era demasiado doloroso. Al final, al cerrar esa puerta de golpe, hice espacio para considerar abrir una nueva puerta al desconocido mundo de la producción.

La vida cambia de dirección de forma constante, y tenemos que aprender a fluir con ella y prestar atención a cómo evolucionamos y qué necesitamos ajustar en el camino para nutrir nuestra alma en las diferentes etapas de nuestra vida. Abrí la puerta a Estados Unidos, lo consideré y pensé: «Sí, sería bueno vivir en un país diferente». Abrí la puerta a la actuación y al final me di cuenta de que no era el trayecto para mí, así que la cerré y abrí una puerta lateral, la que me llevaba a la producción, y ahí pensé: «Sí, sería genial hacer películas».

Todos tenemos potencial y estamos llenos de posibilidades. Por eso, si formas parte de mi equipo, no me importa tanto conocer tus limitaciones como tu potencial. Porque puedes pensar que estás limitado, y yo puedo descubrir que no. Muchas personas que han trabajado en mis equipos me han dicho: «Nunca pensé que haríamos...», a lo que he respondido: «Siempre creí que podríamos».

Eso fue lo que pasó en Marvel con *Pantera Negra*. Como mencioné antes, la opinión generalizada en la industria era que nadie querría verla, que no sería un éxito fiscal, que el mundo no estaba listo para un superhéroe negro o, de hecho, para un elenco completamente negro. Pero consideramos las posibilidades e igual lo hicimos. En Marvel, en todo lo que hacíamos, sopesábamos el riesgo frente al resultado, pero en este caso, tras considerar el posible resultado, el riesgo perdió importancia. Creíamos que esta película, que cuenta el origen de Pantera Negra, tendría un gran impacto, pero el resultado final nos dejó boquiabiertos. Millones y millones de personas tomaron en cuenta a Wakanda, tomaron en cuenta a una familia real africana y se enamoraron de *Pantera Negra*. Cumplió todos los sueños de la posibilidad, y más y más y más.

Así que, sí, por favor, toma en cuenta lo que te presenta

la vida. Y a veces solo necesitas que una persona crea en ti para ayudarte a ver las posibilidades en tu camino. Ten eso en cuenta también. Cuando me dices que no puedo hacer algo, lo considero un reto para demostrar que sí puedo. Eso enciende una chispa en mí que me impulsa a ir aún más allá. Y no porque quiera demostrarte que te equivocas, sino porque quiero ampliar mis horizontes hacia esa posibilidad de lo que puedo lograr. Recibo el *no* y me aseguro de volver de inmediato a ese estado elevado de posibilidad.

Por favor, por favor, por favor, considera las sendas que se presentan en tu camino. Considera abrir todas las puertas. Considera las posibilidades. Y cuando te preguntes por qué deberías hacerlo, te pregunto: «¿Por qué no?».

6

Salta antes de creer que estás listo

«Alto, lejos, rápido, baby».

—CAPITANA MARVEL, *CAPITANA MARVEL* (2019)

¿Qué pasa cuando saltas antes de estar listo? ¿Acaso estamos alguna vez listos? Si dejáramos que nuestra mente controlara lo que hacemos todo el tiempo, ¿nos levantaríamos siquiera de la cama? Gran parte de lo que hacemos es por instinto, así que ¿por qué no hacemos más de eso? ¿Qué nos lo impide? ¿Por qué censuramos nuestro potencial antes de que tenga una oportunidad?

Nunca había dirigido el desarrollo físico y la postproducción, los efectos visuales y la animación de un estudio antes de que me pidieran formar parte del equipo que dirigía Marvel Studios. No tenía ni idea de efectos visuales hasta que conseguí un trabajo en una empresa de efectos visuales. No sabía nada de producción antes de pisar un set. Pero cuando me ofrecieron estas posibilidades, decidí lanzarme de cabeza e ir, como dice Carol Danvers de *Capitana Marvel*, «alto, lejos, rápido», sin importar mi preparación o experiencia para el trabajo. Como los siete pilotos de pruebas elegidos por la NASA en 1959 para lanzarse a lo desconocido en una nave espacial propulsada por cohetes para determinar si los humanos podían volar en el espacio y regresar sanos y salvos. Sí, eran pilotos de pruebas militares entrenados, pero ninguno de ellos había volado jamás en la órbita terrestre. Sí, fueron elegidos para este programa y entrenados para la misión, pero ¿cuán preparado puedes estar realmente para ser lanzado al espacio por primera vez en tu vida? Ninguno de ellos sabía qué esperar ni si sobrevivirían, pero se arriesgaron a ir alto, lejos, rápido, y se convirtieron en los primeros astronautas estadounidenses: los Siete de Mercury. Estos astronautas de la vida real se arriesgaron a una magnífica posibilidad, sin saber si fracasarían o tendrían éxito. Así que, podríamos preguntarnos: ¿Qué nos impide dar este salto de fe en nuestras propias vidas?

No tengo palabras para describir la cantidad de personas —sobre todo mujeres, en especial latinas— que conozco que no se atreven a presentarse a una entrevista de trabajo a menos que todo esté completamente alineado y estén impecables. En el fondo, saben que pueden hacer el trabajo y que probablemente se destacarían, así que ¿qué les impide lanzarse a este mundo de posibilidades? Una y otra vez, todo se reduce a una sola pero poderosa emoción: el miedo. Miedo a lo desconocido, miedo a no estar preparada, miedo a no tener la capacidad suficiente, miedo a cometer errores, miedo al fracaso.

Cuando somos niñas, nuestros padres nos advierten: «Cuidado, no corras tan rápido que te puedes caer». «¡Cuidado, es peligroso!». Esos son los mensajes que empezamos a absorber como esponjas desde el momento en que damos nuestros primeros pasos. Mientras tanto, a los niños se los suele animar a correr, a trepar a los árboles, a saltar de los columpios. No solo se espera que se arriesguen, sino que también se los desafía a hacerlo si no lo intentan por sí mismos. No pasa nada si se caen, porque se espera que se levanten, se sacudan el polvo y sigan al travesaño. Sus moretones y arañazos en las rodillas se celebran con un abrazo rápido y una palmadita en la espalda, asegurándoles que no es nada, mientras que a las niñas se las mima y se les dice que tengan mucho cuidado la próxima vez para que no se vuelvan a caer. A algunas ni siquiera se les permite intentarlo de nuevo. Si analizamos la historia de *Capitana Marvel,* el padre de Carol decidió enviar a su hermano a la universidad en lugar de a ella, creyendo que el lugar de una mujer estaba en la casa. Sin duda, las cosas están cambiando ahora, pero muchas mujeres adultas que lean este libro probablemente se identifiquen con algunas, si no todas, las dinámicas descritas antes.

El mensaje fundamental que hemos oído de la familia, la sociedad y la cultura es que las mujeres son frágiles y los hombres son fuertes. Nos dicen que debemos tomar precauciones adicionales antes de hacer cualquier cosa, mientras que a los hombres se los anima a lograr lo que quieran. Pero eso no es cierto. Nosotras también podemos trepar a ese árbol, caernos, rasparnos las rodillas y seguir corriendo alto, lejos y rápido. Carol Danvers no permitió que las convicciones de su padre interfirieran en sus sueños. Las limitaciones que él le impuso la impulsaron a unirse a la fuerza aérea, forjarse un futuro y demostrarle a su padre que es tan fuerte y capaz como los chicos, si no mejor.

El miedo seguirá ahí; no desaparecerá por arte de magia. Lo sentirás en el estómago tenso o en el corazón acelerado, pero lo que quiero que hagas es meterlo en una cajita y ponerle un nombre. Asegúrate de reconocerlo a diario y dile a la cajita: «Buenos días, Miedo. Sé que estás ahí, pero no te llevaré conmigo hoy, ¿de acuerdo?». Haz lo posible por dejar esa cajita atrás al salir por la puerta. Como dice la Bruja Escarlata en *Capitán América: Civil War*: «No puedo controlar su miedo, sólo el mío». No puedes hacer nada con los miedos de los demás, pero sí tienes el poder de controlar los tuyos para que no dominen tu vida.

La próxima vez que se presente una posibilidad (una oferta de trabajo, una entrevista, una oportunidad de conectar con otra gente), preséntate sin importar lo preparado que te sientas. He visto a algunos hombres hacer esto en reuniones y entrevistas. Se sientan a la mesa, se ponen cómodos y, con calma, dirigen la conversación hacia el 40 % de su plan que pueden cubrir con seguridad, en lugar del 60 % que les falta. Las mujeres, en cambio, aparecen y mencionan que tienen el 97 % de lo necesario para el trabajo en cuestión, pero enseguida se centran en el 3 % que les falta, para asegurarles a los responsables que están dispuestas a esforzarse al máximo para compensar ese 3 %. *¡Basta!* Por favor, no se hagan esto. Su 97 % probablemente sea mejor que lo que cualquier otra persona haya aportado a la reunión. Olvídense del 3 % que les impide ser perfectas. Quiero saber sobre el 97 % que las convierte en las candidatas ideales para este puesto. Es más, nadie, absolutamente *nadie*, lo tiene todo. Nadie tiene una combinación perfecta de talento y capacidades; a todos nos falta algo, y eso es lo que nos convierte en seres humanos perfectamente imperfectos. La próxima vez que entres en una sala, una reunión, una entrevista, por favor, considera sentirte segura de que ya tienes lo necesario para lanzarte de cabeza al momento, y que, sea lo que sea que te falte, puedes aprender sobre la marcha. Lo sé de primera mano.

¿Recuerdas el trabajo que me ofreció la amiga de Alison? Ese fue mi primer trabajo en producción. Me contrataron como asistente de producción para la sesión fotográfica adicional de una película protagonizada por Christian Slater. Después de aceptar, cambié de turno en Alaska Airlines y Black Angus, y llegué al set temprano y lista para empezar mi primer día como asistente de producción. Era una de esas hermosas y soleadas mañanas de Los Ángeles que emanaban buena onda. Con una sonrisa radiante, me acerqué con entusiasmo al asistente de dirección para recibir mi tarea del día. Me saludó y enseguida se puso manos a la obra.

—Hoy debes bloquear el tráfico —dijo con naturalidad.

Mi estómago dio un vuelco.

—Okay —respondí, sin tener ni idea de qué significaba eso—. ¿Y cómo lo hago?

—Diles que paren —dijo mientras me daba una pequeña radio de dos vías negra con una antena corta y un botón que sintonizaba varios canales.

Mi corazón se aceleró mientras agarraba el aparato y lo miraba con atención, ansiosa por entender cómo funcionaba.

—Nunca has hecho esto —dijo.

—No —respondí con sinceridad.

—Bueno, pulsa aquí, habla, suéltalo y espera la respuesta.

—Entendido.

Eran alrededor de las ocho de la mañana, la hora pico en Los Ángeles. Por suerte, estábamos en una intersección de una calle de un solo sentido en un vecindario poco transitado. Así que tomé mi posición en la esquina, y cuando oí el visto bueno en la radio, «¡Bloqueen el tráfico!», caminé con confianza hacia el medio de la calle, levanté la mano y detuve los coches. En Los Ángeles, los residentes están acostumbrados a ver los grandes camiones de la industria del cine estacionados en diferentes áreas y saben que eso significa que se está llevando a cabo el rodaje de una película, por lo que en general son bastante pacientes. Pero a medida que pasaban los minutos y la fila de vehículos se hacía más larga, algunos conductores comenzaron a tocar la bocina con ansiedad. Sin inmutarme por su inquietud, me volví hacia ellos y les dije: «Shhh, estamos rodando». Nada me iba a impedir hacer bien mi única tarea del día. Oí al director gritar: «¡Corte!», pero no me moví. Un par de minutos después, un tipo salió de su coche y gritó:

—¡Ey, tienes que dejar pasar el tráfico!

—Por qué? —respondí.

—Porque gritaron «corte» —dijo.

Enseguida miré al otro asistente personal y me di cuenta de que estaba dejando pasar los coches. Desconcertada, miré hacia mi calle, sin saber cómo proceder, hasta que una voz firme por la radio dijo:

—Victoria, deja pasar el tráfico.

—No, no. Jack me dijo que lo bloqueara —respondí.

—Soy Jack. Deja pasar el tráfico.

—¿Estás seguro? —pregunté.

—Victoria, solo bloqueamos el tráfico mientras estamos rodando y lo liberamos cuando decimos «corte».

Al instante me aparté del camino, haciendo señas a los coches para que pasaran, mientras mi mente daba vueltas: «¡Ay, dios mío! ¡Jamás me van a pedir que vuelva a este set!». No podía creer que hubiera metido la pata en mi primer día, durante mi primera toma como asistente de producción. Estaba mortificada, pero luego respiré hondo e hice todo lo posible por acallar esa voz en mi cabeza, decidida a absorber todo lo posible de esta experiencia y concentrarme en terminar el día sabiendo que lo había dado todo. En lugar de lamentarme por mi error y el miedo a haber fracasado en mi primer día en el set, acepté los comentarios, me adapté, me amoldé y seguí adelante sin importar los muchos tropiezos que tuve en el camino. Por un momento sentí vergüenza, pero me recuperé enseguida y, al final del día, después de convertirme en una experta en bloquear el tráfico, el equipo me pidió que volviera para terminar los dos días siguientes de rodaje. ¡El tráfico nunca había fluido mejor!

Cada vez que me llamaban para un trabajo puntual como asistente de producción en un anuncio o una película, tenía que compaginar mi agenda y encontrar a alguien que cubriera mis turnos en Alaska Airlines, Black Angus y Paramount. Ser guía en Paramount todavía me divertía; ser mesera en Black Angus, donde llevaba menos de un año, me encantaba (dar de comer a la gente tiene algo de comunitario y, hasta el día de hoy, reunir a amigos y familiares para compartir una comida me reconforta); pero Alaska Airlines empezaba a cansarme. Los aeropuertos y los hospitales son dos de los lugares que pueden sacar lo mejor y lo peor de nosotros. Si estás ahí por motivos positivos, puede ser una experiencia muy alegre, pero si las circunstancias te pesan en el corazón, el ambiente puede volverse bastante sombrío. Y quienes se llevan el peso de estas oleadas emocionales en los aeropuertos suelen ser los agentes de venta de boletos.

Recuerdo un turno en particular en el que estábamos lidiando con un vuelo retrasado debido al mal tiempo. Todos estaban molestos, y con razón, pero lo tomaban con calma, porque sabían que era algo que estaba fuera de nuestro control, excepto un hombre. Cuando se acercó al mostrador exigiendo una explicación, su dificultad para hablar y su comportamiento errático delataron con claridad que se había pasado de copas en el bar cercano.

—Lo siento, señor —le dije, con la mayor calma posible—, pero no podemos hacer nada con el clima.

Refunfuñó algo, se marchó y regresó unos minutos después con las mismas preguntas y exigencias.

Volví a responder con paciencia:

—Desafortunadamente, no podemos hacer nada en este momento. Es un problema de seguridad debido al clima extremo.

Esto desató en él una perorata furiosa. A medida que su voz subía de volumen y sus palabras se volvían abusivas, me sonaron las alarmas internas y mi reacción de lucha o huida se activó. La situación se estaba volviendo cada vez más difícil de controlar. De repente, entre una oleada de insultos que prefiero no repetir, el tipo apretó con más fuerza el elegante maletín metálico que llevaba en la mano derecha y me lo lanzó a la cabeza. Mis reflejos, impulsados por la adrenalina, entraron en acción y me agaché detrás del mostrador justo a tiempo para ver un destello plateado barrer el espacio donde acababa de estar parada. Mientras el hombre perdía el equilibrio por el repentino esfuerzo, agarré el teléfono y, a toda prisa, llamé a seguridad. Cuando los agentes llegaron al lugar unos minutos después y le pidieron al hombre que se marchara, empezó a dar puñetazos y se volvió cada vez más violento, así que lo esposaron y lo obligaron a sentarse.

—Señor, tiene que quedarse así hasta que se le pase la borrachera —dijo uno de los oficiales.

Otro le trajo un café y añadió:

—Y, por cierto, una vez que pase la tormenta y el avión pueda despegar, no podrá subir hasta que se disculpe.

Hoy en día, con aeropuertos tan vigilados y pasajeros indisciplinados rápidamente incluidos en la lista de exclusión aérea, es muy probable que no se le diera una oportunidad como esa, pero en ese entonces no era el caso.

El avión se retrasó seis horas. El hombre tardó cinco horas en disculparse, quizás el tiempo que necesitó para que el alcohol dejara de hacerle efecto. Ese día, mientras conducía de vuelta a casa, pensé: «¿Cuánto tiempo más quiero hacer este trabajo?».

Me esforcé un tiempo, hasta que llegué a un punto en el que tuve que empezar a rechazar trabajos de producción. Fue entonces cuando supe que había llegado el momento de dejar los tres trabajos que compaginaba, y que me habían traído hasta aquí, para enfocarme exclusivamente en la producción cinematográfica. La mayoría de los asistentes de producción tenían veinte años; yo tenía veintisiete. Llegué tarde al puesto, pero mi edad me hacía más fiable y madura en el trabajo, lo cual era muy valorado, así que me favorecía.

La verdad es que no me importaba lo que me pidieran hacer durante mi etapa como asistente de producción porque estaba centrada en seguir por esta senda y aprender todas las lecciones posibles, por más triviales que parecieran. Además de bloquear el tráfico y recoger una cantidad ridícula de basura al final de cada día en diferentes sets, al principio, una de mis tareas más importantes era conseguir lo que llamamos la «segunda comida». De acuerdo a las normas del sindicato, el reparto y el equipo deben recibir desayuno, almuerzo y, los días en que el rodaje se alarga hasta altas horas de la noche, cena, o como lo llamamos nosotros, la segunda comida. No es un acontecimiento donde nos sentamos a la mesa. Todos están ansiosos por terminar el día e irse a casa, así que es más bien un bocado rápido y fácil para darles al reparto y al equipo una última dosis de combustible para llegar a la meta. La pizza siempre fue mi primera opción. No puedo expresar cuánto disfrutaba caminar por el set cargando cajas de pizzas calientes en mis brazos y gritando: «¡Llegó la pizza! ¡Llegó la pizza!». Se me dibujaba una sonrisa amplia cuando cada persona tomaba su rebanada, porque sabía que esto no solo los alimentaría, sino que también les daría unos minutos de consuelo después de un día largo y arduo. Años después, mientras trabajábamos a todo dar en Marvel para entregar el corte final, recordé cómo ese pequeño mimo podía ser de gran ayuda, así que nos asegurábamos de acompañar nuestro trabajo con donas por la mañana y pizza por la noche.

Dar el salto antes de creer que estás listo es el primer gran paso para *vivir* en el mundo de las posibilidades. Así que si se te ofrece una oportunidad que te asusta muchísimo pero también te entusiasma, ¡adelante! Nunca sentí que no pudiera lograrlo. Incluso cuando era una subida cuesta arriba, me amarré las botas y caminé hasta el campamento base, luego reuní mis pensamientos y mi energía, y continué subiendo por el siguiente sendero hasta llegar a mi primera cima. Si es algo que quiero hacer, tarde o temprano lo haré. La mitad de lo que se necesita para ganar cualquier batalla es presentarse. Ese miedo al rechazo, a no ser escuchado, a no tener nada que aportar, guárdalo en tu cajita y déjalo en casa, porque el solo hecho de estar presente en una reunión ya marca la diferencia. Tu presencia cambia la dinámica y la energía en la sala. Confía en tu instinto, sé fiel a ti misma, lánzate, preséntate y prepárate para decir que sí.

Un día, me encontré trabajando como asistente de producción en un rodaje de tres días para una propaganda de Ridley Scott Associates (RSA), donde los efectos visuales estaban a cargo de Digital Domain, una compañía fundada por James Cameron, Stan Winston y Scott Ross. Ya había oído hablar de ellos y estaba ansiosa por seguir aprendiendo y absorbiendo todo lo que pudiera de cada una de estas experiencias.

Lo bueno de empezar desde abajo era que podía recorrer diferentes departamentos de producción y echar un vistazo a lo que hacían y cómo funcionaban en cada nivel. Así que, durante mis breves ratos libres, me acerqué al equipo de Digital Domain y les hice mil preguntas: «¿Por qué hacen eso?», «¿Cómo funciona el equipo de control de movimiento?», «¿Cómo se comunica el equipo con los datos?», «¿Dónde colocan los datos?». Me encantó aprender el aspecto técnico de la filmación. Mi curiosidad nunca ha tenido límites, y siempre quiero encontrar las deficiencias de un sistema y luego descubrir cómo subsanarlas.

Cuando terminamos de grabar ese anuncio, alguien de Digital Domain se acercó a mí y me preguntó si consideraría trabajar para ellos.

—Bueno, no sé nada de efectos visuales —respondí con sinceridad, sin saber si este era el camino correcto para mí.

—No hay problema. Creemos que tienes una actitud excelente. Además, no necesitas saber mucho, es un puesto temporal. Necesitamos a alguien que ayude a la asistente de producción ejecutiva porque se rompió la pierna.

Al principio, dudé. Ya llevaba un tiempo trabajando como asistente de coordinación de producción y estaba deseando ascender y convertirme en coordinadora de producción. Pero entonces me cayó la ficha: «No tengo otro trabajo asegurado después de esta semana». ¿Por qué no pasar un par de semanas en esta empresa tan renombrada y con este grupo de gente tan inteligente? Podría dedicarme a aprender algunos conceptos básicos de efectos visuales y que me pagaran y alimentaran. Una vez terminado, podría seguir buscando un puesto de coordinadora de producción. Así que dejé de lado mis ansias de un puesto nuevo, me enfoqué en el panorama general y dije que sí.

En mi primer día, entré al lugar de trabajo de la empresa —un enorme depósito que ahora alberga las oficinas de Google en Venice, California— y me llevaron a la oficina del productor ejecutivo. Su asistente estaba sentada en un escritorio junto a la puerta. Incluso con la pierna rota, podía trabajar en su escritorio sin problemas. Lo que más necesitaba era ayuda con el fax, que era el principal medio de comunicación en los años noventa. Mensajes, contratos, presupuestos, lo que fuera, llegaba por fax.

El problema era que el fax de la empresa estaba ubicado cerca de la entrada del edificio, a casi una cuadra. Así que pasé el primer día de trabajo básicamente yendo y viniendo del fax al escritorio de la asistente, ya sea enviando o recibiendo faxes. Había un claro hueco en este proceso, y sentí una imperiosa necesidad de llenarlo. Al tercer día, me di cuenta de que había una línea telefónica sin usar junto al escritorio de la asistente. Después de comprobar que la línea estaba conectada, me dirigí al edificio de al lado en una especie de búsqueda del tesoro y desenterré un viejo fax. Al final del día, lo tenía todo listo y llamé a la asistente.

—Agradezco la oportunidad de trabajar aquí, pero ya no necesitas que reciba los faxes del otro lado del piso. Encontré otra máquina de fax que funciona, y esa línea ahí junto a tu escritorio, la probé y funciona bien. De ahora en adelante, solo tienes que usar este número en lugar del otro para los faxes. ¿Para qué pagarme más días si tienes esta solución tan sencilla?

El productor ejecutivo, Ed Ulbrich, me escuchó y salió de su oficina.

—Sí, usemos este fax —dijo—, pero no vas a ninguna parte.

Y ese fue el comienzo de mi carrera en efectos visuales. Permanecí en Digital Domain durante los siguientes cuatro años y seguí trabajando con Ed a lo largo de los años, incluyendo en las películas del MCU durante mi tiempo en Marvel.

Al principio, fui cambiando de equipo como coordinadora y luego, durante el primer año aproximadamente, me convertí en la productora de efectos visuales (VFX, por sus siglas en inglés) más joven de la compañía. Como aprendí en el trabajo, un productor de VFX se encarga del presupuesto de efectos visuales y de la logística para que todo lo que se refiere a efectos visuales suceda. Esto puede incluir componentes más pequeños, como la creación de polvo, niebla, fuego e impactos de bala que luego se pueden usar para componer una toma, o efectos visuales más grandes, como la creación de mundos, entornos y personajes generados por computadora. Esto implica trabajar codo a codo con el director de fotografía, el diseñador de producción, el diseñador de vestuario, el jefe de utilería, el coordinador de especialistas, el supervisor de efectos especiales y el director para recopilar todos los datos e información necesarios para asegurarnos de que todo lo que no esté disponible se incorpore posteriormente a las escenas según lo previsto.

Por último, pero no por ello menos importante, el productor de efectos visuales trabaja junto al supervisor de efectos visuales, la persona creativa que diseña y guía la visión del director a través de la preproducción, el rodaje y la postproducción. Cuando comencé mi carrera, a principios de los años noventa, los productores de efectos visuales no solían estar sentados a la mesa con los que creaban las escenas, pero por alguna razón me dejaron entrar y fui una de las pocas que expresó una opinión creativa, y tuve la suerte de trabajar en equipos que valoraban mi perspectiva y mis aportaciones frescas. Hoy en día, los productores de efectos visuales son una parte fundamental del proceso creativo.

Entonces, ¿cómo conseguí ese puesto tan rápido en mi incipiente carrera? Cada vez que alguno de mis colegas decía: «Vaya, es difícil trabajar con ese director» o «Ay, la locación está demasiado lejos», yo intervenía y decía: «Yo lo puedo hacer». Claro, aprovechaba sus sobras —los directores difíciles, las locaciones remotas, los proyectos más complejos generados por computadora y en 3D—, pero los veía como pepitas de oro con las que con el tiempo podría crear mi propio lingote de oro e impulsar mi carrera. Aunque todavía estaba aprendiendo sobre la marcha, confiaban en mí porque sabían que, si me topaba con algo que no entendía, no tenía problema en decir: «No lo sé, pero dejame averiguarlo y después te cuento». Estoy eternamente agradecida a cada mente brillante que estuvo dispuesta a compartir sus conocimientos conmigo. ¡Hice muchísimas preguntas todo el tiempo! Pero fue gracias a su generosidad y su conocimiento que al final logré ayudar a nuestro equipo a optimizar el tiempo reestructurando el flujo de trabajo, lo cual nos permitió adelantarnos a los acontecimientos y mantener satisfechos a nuestros clientes.

Todos hemos tenido que pasar por nuestra propia curva de aprendizaje en nuestras carreras en algún momento. Que no sepas hacer algo no significa que no puedas aprenderlo. Es más, puedes pensar que necesitas tener todas las respuestas, pero una vez que las hayas aprendido todas, las preguntas cambiarán y volverás a empezar de cero. Así que te animo a que asumas con confianza que no sabes nada. Ten las herramientas básicas a tu disposición y luego ve construyendo tu equipo sobre la marcha. Después de más de treinta años en este camino, sigo aprendiendo cada día.

Eso es lo que mantiene viva mi pasión por esta carrera: como productores, aprendemos y evolucionamos constantemente junto con la creatividad de nuestros colegas y la ayuda de la tecnología.

Los anuncios de televisión fueron mi puerta lateral de entrada a Hollywood, pero mi objetivo era trabajar en cine. Después de más de cuatro años en Digital Domain, solicité que me trasladaran a la división de largometrajes, pero me dijeron que no tenía suficiente experiencia en ese ámbito.

—Pero ¿es solo una cuestión de formato, ¿no? —pregunté. No lo hacíamos digitalmente en ese momento, así que era realmente una cuestión de volumen y formato.

—No, todavía no puedes hacerlo. No tienes la experiencia suficiente —respondió el productor ejecutivo del departamento de cine.

Si la experiencia era lo que necesitaba, eso es lo que conseguiría: ¡alto, lejos, rápido! Poco después de esa conversación, me entrevistaron para un puesto de gerente de producción de efectos visuales y productora de línea en DreamWorks, y en 1997 me contrataron para trabajar en *Shrek*. Fue la primera vez que trabajé con personajes intangibles que podían expresar emociones de forma realista, y pensé: «¡Guau! ¿Podemos hacer esto con animación? ¿Podemos conmover a alguien a través de nuestro *software* y nuestro equipo creativo?». Fue entonces cuando lo comprendí por primera vez: los equipos de efectos visuales y animación tenían el poder de crear cualquier cosa de la nada. Imagina que estás grabando una escena real en un restaurante. Todo lo que necesitas está ahí: la mesa, las sillas, los clientes, los meseros, las bandejas, la comida. La escena que necesitas está dentro del entorno y la ubicación que elijas. Es bastante sencillo. Así que cuando empecé a encontrarme con escenas que requerían crear magia para llenar los vacíos de la imaginación, fue entonces cuando mi papel me llenó de innovación e inspiración.

Recuerdo sentir esta emoción de nuevo unos años después, mientras trabajaba como productor de efectos visuales en *Big Fish* de Tim Burton. Cuando vi la escena en la que Ewan McGregor ve por primera vez a Alison Lohman al otro lado de la carpa del circo y todo se detiene, congelado en el tiempo, mientras él camina hacia delante esquivando los diferentes actos estelares y las palomitas suspendidas en el aire caen al suelo cuando él las aparta en su camino hacia ella, me quitó el aliento. Pensar que todo esto comenzó con alguien plasmando la escena en papel, seguido por un equipo de mentes brillantes que imaginaron este momento y ayudaron a crear una metáfora del amor, de superar todos los obstáculos, grandes y pequeños, para llegar a la persona al otro lado de la sala... qué forma tan mágica y divina de retratar los obstáculos que enfrentamos al buscar el amor. En retrospectiva, no fue gran cosa crear ese elemento digital específico, tener las palomitas flotando a su alrededor, pero el toque emocional lo llevó al siguiente nivel. Ahí fue que me di cuenta de que lo que parece imposible es posible, y consolidó mi trayectoria profesional. Pensé: «Si puedo hacer eso como narradora, y al mismo tiempo puedo ayudar a crear una historia que hará del mundo un lugar mejor, creo que será una vida que valdrá la pena vivir».

Hoy en día, el sonido y la imagen son el lenguaje con el que más me identifico, pero en aquel entonces, todavía estaba en las trincheras del aprendizaje. No tuve mentores en mi trayectoria profesional. Contaba con mi curiosidad, mi torrente constante de preguntas y un grupo de supervisores de efectos digitales y visuales dispuestos a enseñarme los entresijos de este mundo fascinante. Casi todo lo que he hecho ha sido seguir los pasos de hombres que lo hicieron antes que yo, hombres a quienes admiraba y que fueron generosos con sus conocimientos; pero había muy pocas mujeres, así que tuve que descubrir cómo hacer mío este viaje. Improvisé, confié en mi instinto, di saltos, forjé mi propio camino.

Sin embargo, cuando me preguntan si tenía algún modelo a seguir, gente a la que admirara, la respuesta que primero me viene a la mente es Kathy Kennedy. La primera vez que vi el nombre de Kathleen Kennedy fue en un póster de la película *E.T.* en Argentina; recientemente había cofundado la productora Amblin Entertainment con Steven Spielberg y Frank Marshall, y *E.T.* era su primera película como productora. Y recuerdo que pensé: «¡Guau, hay una mujer ahí! *E.T.* tiene una productora». Con el paso de los años, su nombre siguió apareciendo en los créditos que yo leía con entusiasmo. Pronto se la asoció con otras películas que ahora se consideran clásicos, como *The Color Purple, Schindler's List* y las franquicias de Indiana Jones y Jurassic Park. Mi admiración no hizo más que crecer cuando yo misma me convertí en productora. Se volvió una especie de mentora silenciosa para mí, una figura pionera a la que admiraba y con la que me identificaba a pesar de que nunca la había conocido.

El proceso de convertirse en una exitosa productora de efectos visuales en Hollywood fue como conducir por una carretera desolada en una tierra árida. Conocía a otras mujeres en la misma senda, pero casi parecía que existiéramos en el multiverso, viviendo vidas paralelas. Y en el set, aparte de vestuario, peluquería y maquillaje, no había otras jefas de departamento, y mucho menos productoras de cine. Es más, al principio de mi carrera en los años noventa, el rol de productora de efectos visuales, al menos para las mujeres, era muy administrativo, y a muchos hombres de la industria les costaba vernos como iguales. A menudo, nos trataban más como asistentes o como las encargadas de organizar reuniones, y yo pensaba: «No, yo encuentro la manera de transmitir tu visión y, al hacerlo, te ayudo a ver todos los detalles que podrías estar pasando por alto al enfocarte en el panorama general». Me hubiera encantado tener otra productora de efectos visuales con quien hablar sobre estas y otras experiencias a medida que sucedían, pero, aunque sabíamos que existíamos, no estábamos en contacto. Por suerte, ahora se han abierto las vías de comunicación entre los productores de efectos visuales, y existe un verdadero sentido de camaradería que nos ayuda a todos a sobrevivir juntos en esta jungla.

Cuando mi modelo a seguir, Kathy Kennedy, se convirtió en presidente de Lucasfilm en 2012, nuestros mundos tenían menos grados de separación porque Marvel es uno de los clientes clave de Skywalker Sound e Industrial Light & Magic. Un día, mi amiga Lynwen Brennan, gerente general y vicepresidente ejecutiva de Lucasfilm, me dijo: «Deberíamos programar una hora para que conozcas a Kathy». Mi corazón dio un vuelco. Cuando Lynwen llamó un poco más tarde para confirmar nuestro almuerzo, estaba tan contenta que me subí a mi patineta en la oficina y me deslicé por los pasillos de todo el segundo piso del edificio Frank G. Wells en el lote de Walt Disney Studios. Mientras pasaba por filas de cubículos, oficinas, salas de conferencias y el área común, tocaba mi timbre y gritaba a todo pulmón: «¡Voy a conocer a Kathy Kennedy! ¡Voy a almorzar con Kaaathyyy Kennedyyy!». Cuando me acerqué en la patineta a la oficina de Kevin Feige, productor y presidente de Marvel Studios, el alboroto lo llevó a la puerta y me preguntó:

—¿Qué pasa, Victoria?

—¡Voy a almorzar con Kathy Kennedy! —susurré como una niña pequeña a punto de conocer a su superhéroe favorito—. ¡Es mi persona favorita entre todos los productores del mundo!

—¡¿Qué?! —exclamó Kevin, fingiendo ofensa.

—Bueno, mi *productora* favorita —me corregí, riendo con entusiasmo.

Para entonces, ya había conocido a Kathy brevemente dos veces: una en la oficina de Steven Spielberg y otra en los Oscars, cuando la nominaron a ella por *The Curious Case of Benjamin Button* y a nosotros por los efectos visuales de *Iron Man: El hombre de hierro*. Ella no lo recordaba, pero yo sí.

Cuando por fin llegó el día de nuestro almuerzo, entré al Ivy at the Shore de Santa Mónica con el corazón acelerado y una sonrisa dibujada en mi rostro. Durante los primeros veinte minutos, me senté frente a mi heroína y de mi boca salió una cascada de cumplidos del tamaño de las cataratas del Iguazú. Le hablé con entusiasmo de lo que ella había significado para mí en mi ascenso profesional, de lo que significaba para las mujeres de todo el mundo, de cómo nos inspiró a tantas. Apenas podía contener el aliento, y mientras tanto, ella asentía, sonreía y poco a poco se hundía más en su asiento, con un aspecto cada vez más sonrojada. Pero, como había soñado despierta con el momento en que podría decirle todo esto, seguí adelante. Hasta que se le llenaron los ojos de lágrimas.

—Bueno, no te voy a hacer llorar —dije, cambiando de tema—. Ahora te voy a comentar todo lo que está mal en tu empresa.

Soltó una risita, y eso nos hizo volver a la realidad de las comidas de trabajo. Hablamos de nuestros procesos y de cómo mejorar las cosas, y esas dos horas juntas se convirtieron en el inicio de una maravillosa amistad. La gente dice: «Nunca conozcas a tus héroes», pero estoy totalmente en desacuerdo. Yo digo: atrévete, preséntate, di que sí y conoce a tus héroes.

Al final, si no hubiera considerado aceptar un trabajo del que no sabía nada, y no hubiera dejado de lado mi ego y aceptado mantener el mismo puesto por un tiempo, no habría conseguido el trabajo en Digital Domain. Y si no hubiera aceptado ese trabajo, no habría emprendido una carrera de más de treinta años como productora de efectos visuales, un camino que, con el tiempo y el trabajo incansable, me llevó a convertirme en una de los presidentes de un estudio muy influyente de renombre mundial, un trabajo que nunca había hecho hasta que se presentó la oportunidad y me lancé de cabeza. Pero me estoy adelantando.

Mi punto es que si alguien te ofrece una oportunidad, aprovéchala, incluso si no tienes todo en orden. Si esa persona ve tu potencial, tú también deberías verlo. Empieza con un sí. Lánzate incluso si no te sientes 100 % listo. Los superhéroes no lo tienen todo resuelto al principio de la película. Los vemos superar sus propias dificultades, aprender lecciones y desarrollar su ingenio incipiente, y eso hace que sus victorias sean aún más dulces.

A medida que avanzas en tu camino, asegúrate de permanecer siempre en un estado constante de descubrimiento. No confundas movimiento con progreso. Un caballo mecedor se mueve de un lado a otro, pero permanece en el mismo lugar. Una cosa es la ilusión de movimiento, y otra es la verdad del progreso.

Recuerda: el camino más rápido no siempre es la línea recta. Observa a los demás, cómo lo hicieron, y luego forja tu propio sendero, camina con tus propios zapatos a tu propio ritmo y crea una experiencia única para ti y solo para ti. No todos somos iguales, pero todos somos capaces de llegar ¡alto, lejos, ¡rápido!

7

Cede donde puedas, pero define tus innegociables

«Si es posible, concede. Pero si no, no lo hagas. Aunque todos los demás te digan que algo que está mal sea correcto. Incluso si todo el mundo te dice que te muevas, tu debes plantarte como un árbol, mirarlos a los ojos y decir: "No, muévete tú"».

—SHARON CARTER CITA A MARGARET CARTER, *CAPITÁN AMÉRICA: CIVIL WAR* (2016)

Incluso antes de empezar en el mundo del cine, mi filosofía de cabecera siempre ha sido decir que sí. La palabra *no* automáticamente cierra las puertas a oportunidades imprevistas. El *sí* abre esas puertas y te permite asomar la cabeza y ver si ese camino es el adecuado para ti. Sin embargo, a veces puedes encontrar sendas que podrían ser adecuadas *si se cumplen ciertas condiciones primero.* Ahí es cuando me gusta decir «Sí, pero...». Creo que todo es negociable, pero todos deberíamos poner un límite en algún punto. La clave es saber dónde está ese límite para ti, para que estés listo para expresar claramente tus innegociables cuando llegue el momento. Los innegociables son tus decisiones, las que velan por tus intereses en el trabajo y en la vida, las que te llevarán a un mejor camino hacia delante.

La lista de innegociables no debe ser larga; mantenla lo más cerca posible a uno o dos puntos. Nunca comiences la conversación con tus innegociables, porque eso es como comenzar la charla con una limitación. Escucha, asimila la información que recibes, cede donde puedas y, si sientes que has alcanzado tu punto innegociable, menciónalo y toma las medidas necesarias para mantener tu integridad intacta.

Cuando empecé en la industria, trabajaba en anuncios, pero mi objetivo era la producción cinematográfica. Por esa razón, y como ya he mencionado, después de cuatro años, decidí dejar Digital Domain para perseguir ese sueño. Sin saberlo, ese fue mi primer punto innegociable en mi carrera. Una vez que conseguí un trabajo en una película, mi objetivo era ser reconocida como productora de efectos visuales. Todavía no era un punto innegociable explícito, pero definitivamente me impulsó a elegir películas donde esta posibilidad existiera. Cuando trabajé en *Shrek*, por ejemplo, nos llevó bastante tiempo sacarla adelante, y yo estaba totalmente comprometida. Pero... (¡ahí está ese *pero* al que me refería!) cuando uno de los estudios decidió llevarla a Pacific Data Images (PDI) en San Francisco, decidí dejar el proyecto. Acababa de comprar una casa en Los Ángeles, y aunque estaba fascinada por esta película y sus posibilidades en cuanto a efectos visuales, no quería mudarme, y menos por un proyecto que no me garantizara un crédito como productora. Tenía muchas ganas de despegar a nivel profesional, y para eso sabía que mi nombre tenía que empezar a verse en pantalla.

Mientras tanto, me enteré de que Peter Jackson buscaba un productor de efectos visuales para *The Lord of the Rings: The Fellowship of the Ring*. Me encantó la idea de trabajar en esa película, así que me subí a un avión y volé a Nueva Zelanda para la entrevista. Cuando vi que la prestigiosa productora de efectos visuales Eileen Moran también estaba ahí, supe que ella era la candidata ideal. Mientras estábamos en la sala de espera, se acercó y me dijo:

—Victoria, si consigo esto, ¿te encargarías de mi película actual?

—Sí —respondí. Y ese *sí* me llevó a trabajar para Rhythm & Hues Studios en *The 6th Day,* donde recibí mi primer crédito como productora de efectos visuales. Luego trabajé en otro proyecto con ellos, *Cats & Dogs,* y también me dieron un crédito. Ahora no había quién me parara.

Un par de años después, mientras trabajaba en *Big Fish,* que estuvo en espera de reactivación durante mucho tiempo (lo que significa que tardó una eternidad en llegar a la fase de preproducción por diversas razones), me pidieron que volara a Australia y ayudara en *Darkness Falls,* que estaba teniendo algunos problemas. No quería hacerlo. Estaba por llegar bastante trabajo a Sony Pictures Imageworks para *The Lord of the Rings* y estaba deseando aprovechar la oportunidad de trabajar al menos en una parte de esa película.

—Asígnenme eso —dije.

—No, no, necesitamos a alguien como tú que viaje a Australia y se asegure de que esta película se vuelva a encaminar. Se ha pasado del presupuesto, es un desastre.

—Está bien, voy —dije.

Las concesiones fueron una parte fundamental para seguir adelante en mi camino. Curiosamente, mientras estaba en Sídney, haciendo un trabajo que al principio no quería aceptar, conocí a la mujer de la que me enamoraría perdidamente y que luego se convertiría en mi esposa. Nunca se sabe qué puede salir de un simple sí.

Durante los primeros diez años de mi carrera, trabajé como productora de efectos visuales en diferentes instalaciones y viajé por Europa, Asia, las Américas y África. Uno de los viajes más emocionantes que recuerdo de mis inicios fue para un anuncio que rodamos en Reikiavik, Islandia. La locación del anuncio fue uno de los famosos géiseres de Islandia. La mayoría de los géiseres del planeta se encuentran en cinco países, y no todos expulsan un impresionante chorro de agua caliente y vapor al aire con la frecuencia suficiente como para captarlo en cámara durante un día de rodaje. Así que fuimos al que tenía más probabilidades de entrar en erupción varias veces por hora para capturar la toma perfecta.

Nos instalamos cerca de un enorme cráter con forma de respiradero en la superficie terrestre que, de vez en cuando, expulsaba un torrente de vapor a la atmósfera. Con las caras completamente cubiertas, podíamos observar el paisaje volcánico abierto rodeado de colinas desiertas con escasas hileras de árboles desnudos. La escena era tan diferente de mi vida cotidiana en Los Ángeles que me quedé maravillada. Teníamos un camión con agua caliente en el lugar, pero hacía tanto frío que cada vez que se expulsaba agua del tanque, se convertía en nieve. Mientras tanto, las gélidas temperaturas hacían que las cámaras se bloquearan constantemente, lo que añadía más estrés, ya que debían estar listas para disparar en todo momento para capturar el géiser en acción.

Después de varias tomas y mucha espera, por fin pudimos dar por terminado el día. Todavía puedo sentir el viento helado en la espalda, contrastado con la calidez del repentino y fugaz estallido de agua hirviendo y vapor proveniente de la majestuosa tierra de fuego y hielo.

Los diez años siguientes fueron un viaje emocionante lleno de experiencias fascinantes y potentes como la de Islandia, y mi mente insaciablemente curiosa estaba enganchada, pero también significaba que estaba viajando nueve meses al año. Había logrado comprar una casa en el ínterin, pero aún no había visto una puesta de sol desde mi ventana. Cada vez que llegaba, la noche ya había caído sobre Los Ángeles y tenía que palpar las paredes de la oscura entrada para encontrar el interruptor correcto y encender la única luz que me llevaba directo a mi cuarto. Tenía algunos muebles básicos y varias lámparas, aunque no tenían bombillas, porque nunca las usaba. Al amanecer, salía por la puerta y volvía a mi coche rumbo al aeropuerto.

Me encantaba viajar; podía ver más del mundo. Pero después de unos años, empecé a sentirme como una pluma en el aire, flotando de un set y un hotel a otro. Diferentes zonas horarias. Llegadas. Salidas. Ninguna sensación de hogar. Pero seguí adelante porque estaba armando mi currículum, persiguiendo trabajos, prosperando, aprendiendo, adquiriendo una experiencia invaluable, trabajando con gente increíble. Luego asumí el rol de productora de efectos visuales, lo que significaba gestionar todo el proceso de creación de efectos visuales para una película en lugar de gestionar la producción a través de un establecimiento. Esta oportunidad al fin llegó con *Kingdom of Heaven* de Ridley Scott. Puse toda mi energía y capacidad intelectual en este proyecto, exigiendo al máximo mi cuerpo para que la película saliera adelante. Rodábamos en varias ciudades de España y Marruecos, y haciendo la postproducción en Londres.

En Marruecos, mientras rodábamos en una pequeña ciudad llamada Ouarzazate, conocida como la puerta de entrada al Sahara, las inclemencias del tiempo a veces se volvían abrumadoras. Mientras nuestro equipo construía un enorme castillo y 1500 hombres del rey esperaban a un lado su llamado, las temperaturas superaban los 37 grados y, a menudo, nos azotaban tormentas de polvo, tanto que teníamos que usar lentes de seguridad todo el día para protegernos los ojos. Cada centímetro de nuestro cuerpo estaba cubierto para resguardarnos del calor y el polvo, pero la arena seguía filtrándose por todos lados. Al final del día de rodaje, de vuelta en el hotel, al quitarme la ropa, caían granos de arena al suelo como si hubiera pasado todo el día en la playa.

Una noche, mientras conducía de vuelta al hotel desde el set, con ganas de darme una ducha larga y descansar, me di cuenta de que no tenía suficiente gasolina para llegar a mi destino. Era famosa por no llenar el tanque cada vez que tenía coche en el rodaje; siempre lo dejaba para el último minuto. Marruecos no era la excepción. Pero en esta ocasión, conducía por una carretera aislada sin ninguna estación de gasolina a la vista. Salir del coche para pedir ayuda al atardecer sin la ropa adecuada en este país predominantemente musulmán no era una opción para mí. Lo último que quería era faltarle el respeto u ofender a alguien. Así que agarré el celular gigante que estaba en el asiento del copiloto y llamé al equipo de producción para que me orientara. Les expliqué dónde creía estar, basándome en algunos puntos de referencia cercanos; no podía leer las señales y no podía tomar una foto porque nuestros celulares no tenían esa función en ese entonces.

«Ve hacia el sur y busca una valla publicitaria con la imagen del rey», me dijeron. «En cuanto pases esa valla, encontrarás una estación de gasolina a tu izquierda».

Colgué y seguí las indicaciones, pero después de pasar la valla, no había nada a la vista. Así que volví a llamar al equipo, que me repitió las indicaciones, sin éxito. «Se está haciendo tarde, ¿por qué no me vienen a buscar?», sugerí, algo intranquila ahora que el sol había desaparecido del horizonte. No me había alejado tanto del set, así que llegaron bastante rápido con gasolina en mano. Una vez de vuelta en la carretera, pasamos por no menos de ocho vallas publicitarias con el rey, y todos nos empezamos a reír. ¡Jamás habría encontrado esa estación de gasolina! Solo ahora me doy cuenta de lo mucho que logramos filmando películas por todo el mundo en los años noventa y principios de los 2000 sin la tecnología que tenemos hoy. ¡La llegada de sistemas de GPS y teléfonos inteligentes de fácil acceso fue un gran punto de inflexión!

Estuve de viaje casi diecinueve meses durante el rodaje de *Kingdom of Heaven*. Mientras tanto, estaba haciendo todo lo posible para mantener a flote mi incipiente relación: tomaba el vuelo nocturno del viernes a Londres para pasar el fin de semana con mi novia, solo para subirme al vuelo nocturno del domingo y volver directo al trabajo el lunes. Saltaba de un lugar a otro tan a menudo que una mañana abrí los ojos y miré el cuarto tenue y anodino, incapaz de reconocer mi entorno. «¿Qué día es?», pensé al incorporarme en la cama. «¿En qué ciudad estoy ahora?».

Después de pasar unos días en un cuarto, empiezas a orientarte, sabes cómo ir al baño a oscuras. Pero cuando vas de ciudad en ciudad y de país en país cada dos días, es súper desconcertante para los sentidos. Me encontraba atrapada en medio de la carrera frenética que muchos conocemos tan bien, incapaz de verla porque se había vuelto algo natural. Sentía que si paraba, mi mundo se derrumbaría, así que seguí adelante, hasta que un día mi cuerpo dijo: «Basta, Victoria. Si no parás por tu cuenta, te voy a parar yo».

Había empezado a subir de peso, mi tiroides estaba descontrolada y, al volver a casa, durante un tiempo que se suponía iba a ser un descanso muy necesario entre películas, me diagnosticaron culebrilla. De repente, el descanso que esperaba disfrutar durante esas preciadas semanas libres se convirtió en un período increíblemente estresante. Y en ese instante lo entendí: algo no estaba funcionando. Mi cuerpo me gritaba que parara y prestara atención. Cuando lo hice, me di cuenta de que no era solo el desgaste físico lo que estaba paralizando mi vida... yo no era 100 % feliz; no estaba pasando un buen momento. El trabajo me había dejado agotada y mi vida nómada ya no me traía alegría. Algo tenía que cambiar.

Había viajado por el mundo, había construido una carrera desde cero y había conseguido trabajo con mi lista soñada de directores estelares, desde Ridley Scott hasta Tim Burton, pero ahora lo único que quería era quedarme en casa. Entonces, una vez que terminamos *Kingdom of Heaven*, decidí que era hora de ponerme primera a mí y a mi relación y corregir el rumbo. Bajé de peso, conseguí controlar mi culebrilla, trabajé para reequilibrar mi tiroides y, en el proceso, redefiní mis innegociables. En lugar de elegir mis proyectos basándome en mi lista de directores favoritos, me elegí a mí misma. Era hora de retomar el camino hacia la salud y la felicidad. Decidí que, por ahora, solo haría películas rodadas en Los Ángeles. Ese era mi nuevo innegociable. Nada más y nada menos. Amaba mi trabajo, pero era hora de hacerlo cerca de casa.

Llegará un momento en que tendrás que elegirte a ti mismo y priorizarte sobre tu trabajo, en especial en la industria cinematográfica. Si no lo haces, Hollywood (al igual que el mundo corporativo) se enfocará en lo que necesita de ti, te lo sacará y te exprimirá sin pestañear. Hollywood es una máquina. Necesita sus partes para seguir funcionando. Cuando ya no seas útil, pasará, como en el aeropuerto, al siguiente agente disponible. Por difícil que sea de entender, no es personal. Saber esto te da el poder de darte cuenta de que hay otras posibilidades, otras maneras de jugar este juego, y la decisión es tuya.

Con eso en mente, mientras me recuperaba, rechacé dos grandes películas que se rodaban en Europa. No fue fácil decirles que no a esos fantásticos directores, pero sabía que si me exigía más, mi salud quizás sufriría consecuencias mucho peores, así que me mantuve firme en mi innegociable. Entonces recibí una llamada de Sony. Estaban trabajando en una película llamada *Tonight, He Comes* (posteriormente rebautizada como *Hancock*) y necesitaban un productor de efectos visuales.

—¿Dónde se filmará? —pregunté.

—En Los Ángeles.

—Está bien, lo haré —respondí.

Ahí fue que conocí al entonces productor de cine Louis D'Esposito. A pesar de ser personas muy diferentes, nos entendimos enseguida. Bromear era lo nuestro, y aunque a menudo discrepábamos, logramos encontrar puntos en común a pesar de nuestras diferencias, y nos reímos a carcajadas en el camino. Siempre nos desafiábamos mutuamente y nos esforzábamos por crecer, y ambos sabíamos cómo hacer que las cosas sucedieran, así que trabajar juntos se sentía como lo más natural del mundo. Con el tiempo, Lou se convirtió en mi hermano laboral y él me veía como su «hermana del alma».

Pasamos por dos o tres directores en *Hancock*, y después la película se suspendió temporalmente. Durante ese tiempo, Louis me llamó un día y me dijo:

—Oye, voy a hacer una película con un director con el que ya he trabajado antes...

—Solo necesito saber una cosa —le dije, interrumpiéndolo—. ¿Dónde se va a rodar?

Louis hizo una pausa, un poco desconcertado, porque sabía que en general me gustaba escuchar más detalles sobre la película y su director.

—Se rueda en Los Ángeles —dijo.

—Genial, entonces decime dónde y cuándo, y nos vemos ahí.

Louis me pidió que me reuniera con él en una oficina de producción en Beverly Hills, ubicada encima de un concesionario de Mercedes-Benz. Al llegar, vi un cartel que decía Marvel, pero en ese momento no le di mucha importancia. Sinceramente, no sabía que Marvel hiciera películas. Sin darme cuenta de la conexión, entré en el ascensor y un hombre de un metro ochenta entró justo después de mí. Le eché una mirada y me pareció que su cara me resultaba conocida, pero no pude identificarlo con exactitud, lo cual no es inusual en Los Ángeles.

—Buenos días —dijo, en un tono amable.

—Buenos días.

—¿Vas al segundo piso? —preguntó, al notar que ya había pulsado el botón.

—Sí —respondí.

—¿Vas a ver a Lou?

—Sí, ¿y vos? —pregunté.

—Sí —dijo.

Las puertas del ascensor se abrieron, salió y giró a la derecha mientras yo giraba a la izquierda. Lo miré, un poco desconcertada, pero supuse que iba al baño. Cuando entré a la oficina de Louis, me saludó con cariño y dijo:

—Vamos a conocer al director.

Caminamos por el pasillo hasta la sala de conferencias, donde Louis me presentó a Jon Favreau.

—¡Ah, ahí está la chica del ascensor! —exclamó con cariño—. No sabías quién era, ¿verdad?

—No tenía ni idea —dije riendo—. Primero de todo, nunca me imaginé que eras tan alto.

Soltó una risita y, después de charlar un rato, al final les pregunté:

—Bueno, ¿qué película vamos a hacer?

—Se llama *Iron Man* —dijo Jon.

—¿Qué es eso? ¿Qué es *Iron Man*?

—Es una película de superhéroes —respondió.

—Ah, está bien.

—¿Te gustan las películas de superhéroes? —preguntó.

—¡Me gustan las películas que se ruedan en Los Ángeles!

—dije con una amplia sonrisa. Luego miré a Louis y le pregunté—: Todavía se rueda en Los Ángeles, ¿verdad?

—Sí, se rueda en Los Ángeles —respondió.

—¡Genial, hagámosla!

Así fue como el Universo Cinematográfico de Marvel (MCU, por sus siglas en inglés) llamó a mi puerta en 2006. Ni siquiera me gustaban los superhéroes en ese momento; me gustaba que se rodara localmente y me gustaba trabajar con Louis, y eso era todo lo que importaba. Así que estaba lista para aceptar el trabajo y hacer lo que fuera necesario.

Dejarse llevar por las necesidades de los demás puede convertirse en una enorme distracción que puede impedirte buscar tu propia felicidad. Los momentos de mi trayecto en los que al fin aquieté el mundo que me rodeaba y les presté atención a mis propias necesidades me han creado el espacio necesario para tomar las mejores decisiones de mi vida. Esta fue una de ellas, y todo se redujo a darme cuenta de que tenía que dejar mi vida nómada por un tiempo y priorizar mi bienestar; una decisión que al final me permitió no solo aceptar un trabajo en Marvel, a pesar de no haber leído los cómics, sino también casarme con mi novia de mucho tiempo, aceptar la posibilidad de adoptar a nuestr@ hij@ y, así, consolidar nuestra familia. Todas las piezas de mi vida que habían quedado congeladas en el aire, como las palomitas de maíz en aquella escena del circo de *Big Fish* con Ewan McGregor, ahora estaban tomando forma.

Si no hubiera pulsado el botón de reinicio en mi vida y definido este nuevo innegociable, quizás nunca habría considerado la posibilidad de trabajar en *Iron Man: El hombre de hierro*. Pero elegí decir que sí. Elegí darle una oportunidad a esta vida de superhéroes. Pensé que era mi oportunidad de sumergirme en este mundo y descubrir por qué tantos niños admiraban a estos personajes. Por qué tantos adultos valoraban a estos héroes. ¿Qué veían en ellos? ¿Por qué yo no lo entendía? Elegí permanecer abierta a las posibilidades de estos personajes. Y, cuando empezamos a preparar *Iron Man: El hombre de hierro* en 2006 y me familiaricé profundamente con Tony Stark, empecé a darme cuenta de que la conexión, la verdadera atracción, iba más allá de admirar las capas o los escudos o los brazos biónicos o la velocidad más rápida que la luz. Al final, todos tienen sus propios cráteres con los que lidiar, todos se enfrentan a momentos en los que necesitan saltar antes de creer que están listos y todos tienen que lidiar con sus identidades para encontrar su voz y asumir su poder. Cuanto más aprendía sobre los superhéroes, más fácil me resultaba identificarme con ellos. Me conquistaron con sus cualidades humanas, lo que me permitió permanecer en la conversación y ser parte de sus historias en lugar de observar desde la distancia. Me había enganchado. Ahora, tras acumular más de treinta producciones del MCU, puedo decir con sinceridad: nunca me gustaron los superhéroes, pero sí *nuestros* superhéroes.

Tus puntos innegociables evolucionarán con el tiempo, y dependerá de ti redefinirlos y tenerlos a mano a medida que avanzas en tu crecimiento. Si en el fondo sabes que te has ganado un ascenso, un aumento o que tienes la experiencia adecuada para un trabajo y la otra persona sigue sin ceder, necesitas convertirte en un perro de caza y descubrir las razones. Luego, analiza si esas razones tienen sentido para ti. Si hay margen de mejora por tu parte, entonces llega a un acuerdo, hazte cargo y vuelve cuando estés mejor preparado. Pero si no estás de acuerdo, quizás sea el momento de poner tus innegociables sobre la mesa.

Como canta Kenny Rogers en «The Gambler», tienes que saber cuándo tenerlas [las cartas], cuándo pasar y cuándo retirarte. Así es: cuando llegas al límite que no estás dispuesto a cruzar, cuando mencionas lo que necesitas para seguir en un trabajo (o en una relación), también tienes que estar dispuesto y ser capaz de irte. Deja claras tus intenciones. Si están convencidos de que no te irás, entonces tienes que convencerlos de que sí lo harás y estar preparado para cumplir. No te estoy diciendo que causes un escándalo; lo último que quieres es cerrar puertas. Pero definitivamente sé directo. Siéntate y hazles saber con calma que estás llegando a tu límite, y si no se toman en serio lo que pides, entonces expresa que estás listo para irte. Hacerlo le dará a tu innegociable el peso que necesita para ser tomado en serio. Acepta el hecho de que al adoptar una postura habrá algo que ganar y algo que potencialmente perder; no es algo seguro, pero podría suceder.

Nunca soñé con ser ejecutiva en un estudio; producir siempre ha sido lo mío. Liderar un equipo me hace feliz y me enorgullece. Pero una vez que entré en el camino ejecutivo de Marvel, me di cuenta de que me daba la oportunidad de defender una mayor representación en nuestras películas y series. Esa posibilidad fue lo que al final nos llevó a considerar la película con el elenco más diverso del MCU: *Eternals*.

Se estrenó durante la pandemia, cuando la gente tenía miedo de ir a los cines, y puede que no se considere un éxito de taquilla según las métricas de la prepandemia, pero *Eternals* es un éxito vivo y palpitante solo por existir y haber incorporado al elenco más diverso al universo de Marvel. Si ves la portada del cómic de *Eternals,* verás un grupo de personajes blancos que, si bien incluye tres mujeres y tres hombres, no tiene diversidad racial.

Como no había nada en los cómics que hiciera referencia explícita a la raza de estos personajes, abrimos la puerta a todos los actores en busca del indicado para cada papel.

En 2021, con *Eternals* a solo unos meses de su estreno, y después de trabajar en veinticinco películas del MCU y pasar los dieciséis años anteriores haciendo más, más, más, creí que me había ganado el derecho al puesto de presidenta de producción física y de postproducción, efectos visuales y animación. Lo había puesto sobre la mesa para que me consideraran varias veces, pero aún no había sucedido. Y pensé: «Bueno, ¿cuál es el problema, Alfie?». Empecé a considerar seriamente irme, pero decidí volver a hablarlo con Recursos Humanos. Estaba encantada de formar parte de este grupo de personas que hacía películas geniales que tenían un gran impacto en la vida de muchas personas, pero si este era el final de nuestro camino juntos, también me parecía bien. Por suerte, el dinero que gano no me ha dado una sensación evidente de poder, porque sé que un día está y al siguiente puede que no. Así que mi lucha no era por dinero; era por el título, por el reconocimiento de lo que había aportado al estudio a lo largo de los años. El mejor regalo que se le puede dar a alguien es el regalo del tiempo. Y no quería desperdiciarlo si no iba a estar alineada con lo que creía haber ganado años atrás. Mi innegociable ahora se basaba en la autopreservación, el respeto por mí misma y mi convicción de inspirar a otros. Quería que las jóvenes latinas alzaran la vista y dijeran: «Miren, una de nosotras está ahí arriba. Una de nosotras lo logró. Una de nosotras está en esa mesa». Si ella puede, yo también.

En septiembre de 2021, me ofrecieron oficialmente el puesto de presidenta de producción física y de postproducción, efectos visuales y animación, y acepté.

Mientras descifras tus propios innegociables a lo largo de tu camino, ten en cuenta que lo que funcionó para mí podría no funcionar para ti. Hollywood es un poco impredecible. No existe una fórmula mágica para triunfar; eso es también lo fascinante y atractivo de esta industria. El éxito le puede pasar a cualquiera. La perseverancia, la flexibilidad, la curiosidad, la integridad y la pasión por lo que haces son los componentes clave que debes mantener cerca de tu corazón mientras avanzas.

Creo de todo corazón que cuando amas lo que haces, el trabajo no es trabajo. Por eso me quedé en Marvel Studios tanto tiempo. Aún no había encontrado otro lugar en el mundo donde pudiera contar las historias que quería contar con un impacto global tan significativo y amplio. Ese fue un privilegio del que era plenamente consciente y que recordaba cuando tenía que trabajar jornadas de dieciocho a veinte horas. Cada día, me despertaba pensando: «A ver cómo me divierto hoy con lo que hago». Eso me ayudaba a aligerar la carga de responsabilidad. Ahora bien, si te despiertas por la mañana y no tienes ganas de darlo todo por lo que amas y en lo que crees, quizá tengas que replantearte tu camino y hacer los ajustes necesarios para encontrar esa pasión. La producción puede desbaratar tu vida con sus largas y arduas jornadas, así que quienes trabajan en este departamento suelen hacerlo porque lo aman de todo corazón.

Es más, durante algunos de mis momentos más difíciles, el trabajo fue el lugar donde encontré consuelo. Allí me sentí segura, querida, reconocida y apreciada. Y, claro, apagaba incendios a diario, pero también me subía a mi patineta azul y tocaba la campanita mientras recorría la oficina. Bromeaba con nuestro equipo, cantaba, hacía ruido y mis compañeros me dejaban ser yo misma. Esté donde esté, me gusta alegrar las largas horas del día y sacarle el máximo provecho a cada proyecto, cada viaje de negocios, cada persona que conozco, porque ese tiempo dedicado a hacer lo que amo tiene el poder de ser súper gratificante e inspirador si se vive desde la perspectiva adecuada.

Con el tiempo y la experiencia, mis innegociables cambiaron de nuevo. Por supuesto, prefería rodar en Los Ángeles para estar cerca de casa, pero ya no era un punto decisivo. Lo que siempre ha importado y sigue siendo fundamental es mi voz. Solo estaré donde se me permita decir la verdad, abiertamente, a viva voz. Mi voz siempre ha sido mi mejor herramienta, y estar en Marvel me dio la oportunidad de florecer y hablar por quienes a veces no podían. Esta posibilidad nos permitió crear espacio para un mundo un poco mejor y, en última instancia, me inspiró a defender la oportunidad de expandir mis alas y hacer espacio para un proyecto apasionante fuera de Marvel: *Argentina, 1985.*

A medida que crecía en la industria, muchos me preguntaban qué historias quería contar, y siempre respondía: «Quiero hacer mi versión de *La historia oficial*». Esa película logró hablar públicamente sobre un momento crucial y devastador en Argentina. Abrió los ojos de personas en rincones remotos del mundo a nuestra historia, y tuvo un enorme impacto en mi vida. Nunca olvidaré cuando el personaje de Norma Aleandro comienza a darse cuenta de que su hija adoptiva probablemente sea la hija de una de las muchas personas desaparecidas durante la dictadura y quizás sea uno de los niños desaparecidos que fueron secuestrados por las fuerzas armadas. Es una película desgarradora que concientizó a la población sobre una época peligrosa que esperamos nunca se repita.

Así que, cuando me enteré de *Argentina, 1985,* pensé de inmediato: «Tengo que hacer esta película». Esta es la historia que he dicho que quiero contar en formato cinematográfico desde que comencé mi carrera. Era mi oportunidad de ayudar a dar voz a escala global a quienes fueron silenciados durante la dictadura militar, aquellos por quienes marché de adolescente en las calles de La Plata.

Argentina, 1985 no es una historia de superhéroes. Se centra en un equipo de abogados que se enfrentan a algunos de los principales participantes de la dictadura militar durante el renombrado y crucial Juicio a las Juntas Militares de 1985, que resultó en condenas a cadena perpetua sin libertad condicional. Es una historia que necesitaba ayudar a contar porque sufrí esta dictadura en carne propia. Es parte de mi pasado y de la historia de mi país, una que quiero que mi hij@ y todas las generaciones nuevas y futuras conozcan y nunca olviden, para que el mundo pueda aprender de estos tiempos atroces y nunca más tolerar el genocidio.

Alcé la voz y marché para exigir justicia en aquel entonces. Y ahora estoy aquí para seguir alzando la voz y recordarnos, a nosotros y a quienes nos sucedan, lo que puede pasar en nuestro mundo si dejamos de proteger la democracia... y cómo se puede lograr un cambio positivo si definimos nuestros innegociables y empezamos a usar nuestras voces.

8

Encuentra tu voz y libérate

«Combatí mucho tiempo con una mano inmóvil en mi espalda. ¿Pero qué pasa cuando al fin soy libre?».

—CAPITANA MARVEL, *CAPITANA MARVEL* (2019)

El silencio es veneno. Consolida el momento que tienes ante ti, con posibles efectos perjudiciales. Si no alzamos la voz, nadie sabrá jamás qué necesitamos, en qué creemos, por qué luchamos. Y si nuestros deseos, necesidades y convicciones pasan desapercibidos, generar un cambio real en nuestras vidas y en el mundo puede volverse una tarea casi imposible. Es como luchar con un brazo atado a la espalda. Después de que Carol Danvers llega a esta conclusión con estas importantes líneas en *Capitana Marvel*, es capaz de desatar todo su poder. Puede que no tengamos su fuerza sobrehumana ni su proyección de energía, pero todos nacemos con una voz. Ese es tu poder. Ese es tu antídoto contra el silencio. Eso es lo que puede ayudarte a liberarte.

Siempre he tenido la «lengua suelta» y la he usado para expresar mis opiniones sin filtros. Incluso viviendo bajo una dictadura militar, no me planteé callarme. Sin embargo, también sé que la vida puede ser complicada, que los cráteres pueden ser difíciles de superar y, por eso, algunos pueden sentir que sus voces se acallan y quizás deciden retirarse a un rincón seguro. Muchos aprenden a bajar la cabeza, a trabajar y a no armar un escándalo. La mayoría desea que se produzcan ciertos cambios en sus vidas o en su entorno, pero tiene miedo de hablar. Sin embargo, que no usemos nuestra voz es tan venenoso como quienes la usan en nuestra contra. Depende de nosotros desenterrar este poder de los escombros de nuestras circunstancias y, por fin, aprender a expresarnos para promover el cambio de forma eficaz. No me refiero a ser irrespetuoso o insolente, ni a decir lo que se te pase por la cabeza. El poder de saber *cuándo* hablar es un arte; lleva tiempo y requiere práctica. Desde la perspectiva del proceso creativo, la clave es detenerte un momento antes de hacerlo para asegurarte de que tus ideas u opiniones no provengan del ego, sino del deseo de mejorar la historia. Si tu opinión solo busca destacarte, te recomiendo que te la guardes. Si esa idea es rechazada, solo te hará sentir herido y desanimado a nivel personal. Ahora bien, si la idea rechazada es para la historia, no será fácil, pero no es personal. Solo tienes que pensar en los comentarios que recibiste y ver si puedes aportar algo mejor.

Como mencioné antes, me rechazan todo el tiempo, y mi ego está bastante sano. No interpreto los *no* que recibo como si otros pensaran que soy incompetente. En cambio, me pregunto: «¿Acaso la idea no sirve para la historia? ¿No funciona desde ese ángulo en particular?». Intento comprender el porqué de ese rechazo en particular para ayudar a reformular mi idea desde una perspectiva nueva. Entonces llego a la siguiente reunión con un: «Tenías razón, eso me ayudó a verlo desde tu perspectiva. Si tenemos eso en cuenta, ¿qué tal si intentamos combinar nuestras ideas y lo hacemos de esta manera?». Incluso si esta nueva idea reformulada tampoco funciona del todo, al menos puede ayudar a allanar el camino hacia una que sí lo haga.

Dicho esto, habrá otros frentes más allá del proceso de trabajo en los que querrás dejar en claro tu punto de vista y tendrás que lidiar con las consecuencias, y otras veces en las que probablemente dirás mucho más sin decir nada. A medida que practiques caminar por esta delgada línea, cometerás errores al andar. En lugar de castigarte por esos errores, haz lo posible por aprender de ellos para poder hacerlo mejor la próxima vez.

No podría contar las veces que mis circunstancias me han puesto en una posición donde mi camino se ha bifurcado: seguir al grupo o alzar la voz. Como quizá ya te habrás dado cuenta, suelo optar por alzar la voz, incluso cuando las probabilidades están en mi contra. No puedo evitar pensar en aquella vez que me pidieron mi opinión en un retiro laboral, unos años antes de mi época en Marvel.

Estaba sentada en una mesa con algunos de los directivos de la compañía mientras discutían el desempeño de alguien que no estaba en esa sala. Todos opinaban al respecto, y yo escuchaba con atención, hasta que se volvieron hacia mí.

—¿Qué piensas de esta persona, Victoria?

Miré a mi alrededor y pensé: «Ah, guau, estas personas, que son más importantes y tienen más experiencia que yo, de verdad quieren mi opinión». Todavía me faltaba mucha calle, y me sentí halagada por la atención y honrada de que un grupo tan poderoso de personas realmente valorara lo que tenía que decir. Eso alimentó mi ego. No entendía la política en juego.

La persona de la que hablaban, a la que querían despedir, era en realidad alguien que yo consideraba genial. Me encantaba trabajar con esa persona, y cuando llegó mi turno, no dudé en expresar mi opinión sincera. Pensé que quienes también valoraban a este colega expresarían sus sentimientos, pero todos decidieron no hacerlo.

Siempre he dicho lo que pienso y he sido sincera, y siempre lo haré, incluso si va en contra del consenso general de la sala. Sin embargo, en cuanto las palabras salieron de mi boca, noté las reacciones de labios fruncidos y al instante pensé: «¡Callate! ¡Callate ya mismo!». Me di cuenta de que mi opinión estaba siendo ignorada. Terminé de expresarme sabiendo que lo que yo dijera no importaba. Solo valoraban las opiniones que coincidían con las suyas para respaldar una decisión que quizá ya habían tomado. Pero para cuando comprendí que me habían engañado, ya era demasiado tarde.

No tuve la visión ni la experiencia para darme cuenta de que si iba a contracorriente, probablemente me convertiría en alguien que «no juega bien en equipo» a ojos de los que estaban en el poder. Podría haber dicho que no tenía opinión, lo cual no era cierto. Podría haberme quedado callada, pero eso habría ido en contra de quien soy yo. ¿Cómo se sale ileso de este embrollo? No se puede. O traicionas tu integridad y sigues al rebaño de ovejas, o te aferras a tus creencias, dices la verdad y asumes el golpe. A veces, si se requieren esas tácticas para lograr la victoria, es mejor no pertenecer al «equipo ganador».

Unos meses después, cuando no me renovaron el contrato, lo cual fue una forma educada de despedirme, supe exactamente el porqué. No era un problema de rendimiento. Era un problema de fondo del equipo directivo. Recordé ese día y me pregunté: «¿Cometí un error? ¿Lo haría de otra manera si tuviera la oportunidad de estar en la misma sala respondiendo la misma pregunta?». Y la respuesta honesta es no. No me arrepiento de haber dicho lo que pensaba. Habría dicho lo mismo. Porque sabía y creía, en el fondo de mi corazón, que lo que decía era verdad. Si hubiera seguido al rebaño, mi camino se podría haber redefinido. Pero no habría sido el que sigo ahora, porque ya no habría sido mío. Y más adelante, quizás me habría preguntado: «¿Dónde te perdiste? ¿Qué te pasó? ¿Quién sos?». Y seguramente lo habría atribuido a ese día: «Te traicionaste a vos misma ese día solo para encajar, sabiendo en el fondo que nunca encajarías». Así que, sí, estuve temporalmente sin trabajo, pero mi integridad permaneció intacta.

Con el paso de los años, mientras mi carrera alcanzaba nuevos hitos, me di cuenta de que quizá no hubiera podido evitar el destino de esa persona al hablar con sinceridad, pero tampoco traicioné mi voz ni mi verdad. Al decirles que no, me dije que sí a mí misma.

Si eres mujer en Hollywood, en especial en los últimos treinta años, quizás te hayas encontrado en salas llenas de hombres donde tu opinión no era requerida o era ignorada, o donde se asumía que eras la chica que traía el café y tomaba notas. En lugar de ser cómplice del entorno y las viejas normas, te animo a que uses tu voz. A veces te encontrarás con personas que piensan como tú; otras veces, discutirás con personas que respetas, pero a pesar de la diferencia de opinión, te querrán ahí; y en otras ocasiones, te encontrarás en un aprieto similar al que mencioné antes, con colegas que deciden despedirte por desafiar su *modus operandi*. En este último caso, te animo a preguntarte: «¿Es esta la mesa en la que realmente quiero estar?».

Para responder a esta pregunta, primero piensa en esto: ¿sientes que no te escuchan cuando hablas en la mesa, o no hablas porque te autocensuras? A veces nos quedamos callados porque automáticamente pensamos: «Ay, no quieren escuchar lo que tengo que decir». Otras veces creemos que no hay espacio para nuestra opinión. Ambos pensamientos pueden ser ciertos, pero la única manera de saberlo con certeza es expresando una opinión y observando con honestidad las reacciones en la mesa. No te sugiero que vayas contra la corriente solo por hacerlo; me refiero a expresar una opinión que pueda ayudar a mejorar la historia o el proyecto que se está discutiendo. No tengas miedo de hablar, ni de ser juzgada. Recuerda, si te han invitado a la reunión, es una clara señal de que los demás en la sala probablemente esperan y agradecen tu opinión, así que no desperdicies esa oportunidad.

Una vez que hayas empezado a expresar tu opinión en las reuniones, quiero que empieces a pensar en lo que quieres ahora. ¿Hay algo en el trabajo que te moleste no haber conseguido a estas alturas de tu carrera? Si es así, ¿alguna vez lo pediste? ¿Cuándo fue la última vez que pediste algo que creías merecer pero que no lograbas conseguir? Por lo que he observado a lo largo de mis años en esta industria, a muchas mujeres se les paga menos porque no piden más. En Hollywood, si no pides, no recibirás. Es más, si no pides, nunca sabrás lo que podrías haber logrado. No saberlo crea un universo paralelo en tu cabeza de «qué hubiera pasado si...» que ocupa un espacio valioso en tu mente.

Una colega a la que asesoro tiene más de veinte años de experiencia, pero hace poco descubrió que ganaba un 35 % menos que un hombre en la misma empresa con quince años de experiencia. La diferencia podría haberse basado en sus niveles de rendimiento, por supuesto, pero cuando por fin se armó de valor para alzar la voz y preguntar por qué no recibía el mismo salario, la respuesta fue mucho más simple de lo esperado: él pedía un aumento año tras año. Ella no. Quedó desconcertada.

—Yo lo merecía tanto como él —les dijo.

—Sí, pero no lo pediste —le respondieron.

Ojalá fuera la única vez que hubiera escuchado esta historia, pero me he encontrado con situaciones similares mucho más de lo que me gustaría admitir. No puedo evitar pensar en el dicho: «El que no llora, no mama». No te quedes resentido por lo que no has recibido si no lo has pedido.

Empieza a quejarte, llora, alza la voz, pide lo que mereces. ¡Quizás lo consigas!

Mucha gente culpa a sus jefes por no darles ascensos ni aumentos, pero la posibilidad y la responsabilidad de conseguir lo que queremos empiezan por nosotros mismos. Tu jefe tiene a muchas otras personas a las que considerar; no eres la única en su plantilla. Deja de ceder tu poder a alguien más y luego usarlo como excusa para justificar lo que no has podido lograr. No es justo ni para tu jefe ni para ti. Recibo muchas llamadas de gente que busca consejo y me dice:

—No sé cómo pedir esto.

—Pide, solo pide —les digo—. Sé directo: «Quiero un aumento». «Quiero hacer ese trabajo». «No quiero hacer esa película, quiero hacer esta».

Y luego presenta razones contundentes para respaldar tu pedido. Siempre me desconcierta el enorme hueco que existe entre lo que deseamos en nuestra mente y lo que podemos comunicar. Es como si una roca invisible grabada con la palabra «merecer» rodara hasta plantarse en nuestro camino y nos bloqueara la capacidad de pedir. Si sentimos que lo merecemos cuando pensamos en ello, ¿por qué no lo merecemos cuando intentamos pedirlo? Quizás sea una pregunta que puedas considerar la próxima vez que estés a punto de pedir algo que sabes que te has ganado.

En la industria cinematográfica, los altos mandos suelen jugar una partida de ajedrez donde intentan constantemente encajar a la gente en el puesto adecuado para que un proyecto despegue. Si no dices nada, puede que ni siquiera se den cuenta de que ya tienen a la persona perfecta en su empresa. No esperes que tus jefes lo sepan todo sobre ti. La gente suele enseguida asumir quiénes somos. Y muchas veces, esas suposiciones son erróneas. Así que depende de nosotros hablar, decirles quiénes somos y demostrarles de lo que somos capaces. Cuando te abres y compartes tus intereses, objetivos y lo que deseas, ayudas a quienes toman las decisiones a verte desde una nueva perspectiva y a considerarte para otras posibilidades.

Usa el poder de tu voz para expresar tus deseos *y* álzala cuando creas que no te están tratando de manera justa. Quiero que las mujeres se animen a jugarse cuando sientan que están siendo tratadas de manera injusta y que no reciben el mismo salario. Sin embargo, también sé que se necesita mucha valentía para enfrentarte a tu jefe y a tu familia laboral. Toda familia tiene que lidiar con conflictos. Algunas son más complicadas que otras, pero a veces es necesario abordarlas para ser escuchado y resolver sensaciones de incomodidad y resentimiento. El poder de tu propia petición permite que esa voz silenciosa en tu mente tome el protagonismo y haga algo por ti. Cuanto más lo hagamos por nosotros mismos, menos necesitaremos que otros lo hagan por nosotros y menos les guardaremos rencor por no hacer nada. Tu vida personal y profesional no es responsabilidad de nadie más que de ti.

En Hollywood, hay mucha gente dispuesta a atender tus llamadas e intentar ayudar. En los cientos de llamadas que he devuelto, he recopilado algunos consejos útiles sobre lo que he descubierto que puede hacer que una llamada sea exitosa:

Sé consciente del valioso tiempo de la persona.

Sé honesto y directo sobre el motivo por el cual te estás comunicando.

Sé específico para aprovechar al máximo tu llamada o reunión.

Procura que tu introducción sea breve y concisa, ya que el tiempo es esencial. La persona al otro lado de la llamada quizás apreciará los halagos, pero su tiempo es valioso. Te está regalando este tiempo, así que no malgastes los veinte minutos que te ha dado diciéndole lo maravilloso que es o fingiendo ser su amigo cuando en realidad buscas algo más. Puedes expresar tu admiración, si la hay, pero ve directo al grano.

Infórmate bien y, en los primeros cinco minutos de la llamada o reunión con la persona en cuestión, dile por qué decidiste contactarla: «Me gustaría saber esto de usted. Tengo una pregunta específica sobre el sector que creo que alguien con su experiencia podría ayudarme a responder. Estoy enfrentando este problema y me encantaría su consejo. Tengo una idea que me gustaría que considerara».

Una vez que hayas captado su atención, sé específico. Si llamas para pedirle trabajo, es probable que su primera respuesta sea, «Tienes que definir qué trabajo quieres». ¡Solo pedir trabajo es como decir: «Quiero ser un explorador»! Bueno, ¿un explorador de qué? ¿Del mundo? Genial, entonces necesitas planificarlo y crear tu itinerario. Si esa es la conversación que tienes, claro, la persona a la que llamas puede compartir algunas buenas ideas, pero no te dará ningún tipo de oferta de trabajo ni pista. No obligues a que haga esa primera ronda de trabajo por ti. Ten tu currículum listo, piensa en una o dos cosas que te gustaría obtener de tu interacción con esa persona y enfócate en esos puntos. Piénsalo. Si vinieras a mí ya habiendo hecho este trabajo preliminar, sabiendo qué país o ciudad quieres explorar primero, entonces tendría la información que necesito para indicarte el barrio o las calles que debes ver, o a las personas que necesitas conocer en esos lugares, y terminarás obteniendo mucho más de esa llamada. Asegúrate de transmitir una mejor comprensión de lo que buscas y cómo crees que la otra persona podría ayudarte para que pueda guiarte en esa dirección.

Y si te sientes perdido, dilo abiertamente: «Estoy perdido». Esa honestidad es muy útil. Puedes pasar veinte minutos ocultando que estás perdido, o puedes dedicar ese valioso tiempo a buscar el camino que te lleve a encontrarlo.

Usa el poder de tu voz para pedir lo que quieres. En general requiere valentía, algo que se adquiere con el tiempo. Así que, cuando al fin estés listo para pedir, lo único que querrás oír es un *sí, sí, sí*. Como ya llevas tiempo preparándote para este momento, puede que no haya espacio para un *no* en tu mente.

Pero, así como te tomaste tu tiempo para llegar a este

punto, quienes te preguntan también pueden necesitar tiempo para darte su respuesta. Es como confesarle tu homosexualidad a tu familia. Lo haces cuando te sientes fuerte y preparado. Es un momento importante que puede haberte llevado meses o años de preparación, así que no puedes evitar esperar que tu familia lo acepte de inmediato. Claro que eso sería ideal, pero la realidad es que a veces las familias no reaccionan como se espera; necesitan más tiempo para procesar esta información, y eso también está bien.

El hecho de hablar o pedir, por sí solo, no te garantiza que conseguirás lo que quieres. Es tan probable que te digan que no como que te digan que sí. Lo que más importa es lo que haces con ese *no*. No dejes que te desanime de perseguir tu propósito. El rechazo es parte del camino. Sigue preguntando. Sigue expresándote. Sigue avanzando. Incluso si te rechazan, el acto de hablar y usar tu voz ya te habrá ayudado a sembrar una semilla en la mente de la otra persona. Y eso es invaluable y empoderador porque significa que has logrado cruzar esa línea y por fin usar tu voz. Pedir es un músculo. Si no lo usas, no crecerá.

De hecho, los *no* que he recibido a lo largo de mi carrera han ayudado a moldearla. Cuando quise dejar la división comercial de Digital Domain para trabajar en su Departamento de Cine, me dijeron que no tenía suficiente experiencia. Ese *no* me empujó a dejar ese trabajo en busca de la experiencia que me faltaba, y terminé desarrollando una próspera carrera como productor de efectos visuales. Luego, cuando quise producir películas, no solo los efectos visuales, hice la tarea y encontré ejemplos de dos hombres que habían seguido un camino similar.

Uno de ellos era Kurt Williams, un productor de efectos visuales que había recibido un crédito de coproductor en *X-Men: The Last Stand.* Tenía ese precedente guardado bajo la manga para contrarrestar un posible *no* mientras me preparaba para pedir el crédito de coproductora para *Iron Man: El hombre de hierro,* mi primera película de Marvel. No solo había supervisado los efectos visuales en esa película; también había sido parte del equipo de producción, trabajando junto a Louis D'Esposito y Kevin Feige. Entonces les envié un correo electrónico a Kevin y a Lou sobre este crédito, y recibí una respuesta de Kevin que decía: «Ya estoy en ello». Al final no necesité esa información, pero tenerla me llenó de confianza durante mi pedido. Después de esa película, recibí créditos de coproducción en tres películas más: *Iron Man 2, Thor* y *Capitán América: El primer vengador,* y luego me dieron créditos como productora ejecutiva de *The Avengers: Los Vengadores* en 2012 y seguí adelante.

Con el paso de los años, mientras alcancé puestos de decisión en mi carrera, me propuse usar mi voz para convertirme en una mejor líder, defender a mi equipo y luchar por ellos como nadie luchó por mí. Curiosamente, cuando se sumaron más mujeres a nuestro equipo, sacaron a la luz nuevos problemas que debían abordarse. Empecé a escuchar a muchas de ellas preocuparse por tener que elegir entre tener un bebé y una carrera. Establecí una conexión con ellas y me propuse encontrar una solución. Les brindamos a las nuevas madres la posibilidad de elegir si preferían estar en la oficina o trabajar de forma remota cerca del cuarto de su bebé en casa. Nos aseguramos de que estos dos caminos pudieran coexistir. Claro que, si eres camarógrafo o actor, por ejemplo, la cosa cambia, porque entonces necesitas estar en el set para realizar tu trabajo, así que hay excepciones, como ocurre con cualquier sistema. Pero si estar en el set no es un requisito para el trabajo, el lugar donde lo realizas puede ser flexible, siempre y cuando puedas conectarte y cumplir con el trabajo. El simple hecho de poder elegir sin temor a perder su trabajo marcó una enorme diferencia en la vida de los empleados. Eliminó una gran carga de estrés y esto, a su vez, mejoró su rendimiento laboral.

Debemos siempre aspirar a ser más inclusivos. Ver las cosas desde diferentes perspectivas es fundamental. Nos permite hacer películas donde más personas de todo el mundo puedan empezar a identificarse con los personajes y las adversidades que enfrentan. Cada persona aporta experiencias diferentes, y nuestras historias colectivas se enriquecen y se vuelven más poderosas.

Contar con un equipo diverso también nos da una mejor oportunidad de lograr una representación más justa en nuestro producto final. Y eso solo funcionará si todos en el equipo se sienten lo suficientemente seguros como para hablar. Ya les he contado cómo la curiosidad alimenta mi alma. Pero la curiosidad silenciosa no sirve de mucho. Así que intento dar el ejemplo preguntando lo más que pueda para comprender lo que está en juego. Hay que tener en cuenta que en Hollywood la gente sufre constantemente del síndrome del impostor. Y muchas personas que tienen todo lo necesario para estar presentes y hacer las preguntas correctas para hacer el trabajo, a veces se dejan llevar por sus miedos y su sensación de ineptitud. Aunque entiendo con claridad que en algunos puestos la gente puede tener miedo de preguntar a quienes tienen poder o parecen tenerlo, me esfuerzo siempre por crear un espacio donde los miembros de mi equipo puedan operar desde el respeto en lugar del miedo, donde las opiniones contrarias sobre los proyectos sean bienvenidas y valoradas.

Cuando estaba en la sala con mi equipo en Marvel, solía decirles: «Díganme por qué deberíamos o no hacer esto». «Díganme por qué creen que está pasando esto y qué podemos hacer para mejorarlo». Y lo más importante: «¿Qué no estoy haciendo y qué podría hacer para mejorarlo?». Esta última pregunta fue clave para que mi equipo supiera que podían hablar y decirme si había algo que yo podía mejorar. Profundizaba más al preguntar: «¿Qué puedo hacer?», «¿Cómo puedo hacerlo mejor?». Esto preparó el terreno para que otros en mi equipo se sintieran cómodos haciendo preguntas y planteando problemas también. «Un momento, disculpen, ¿por qué estamos haciendo esto?». «Listo, entonces cuando hacen eso, ¿para dónde tiene que ir después?». «Ah, ¿esto es nuevo?». «¿Por qué haría eso este personaje?». Esa es solo una muestra de las preguntas que yo hacía en un día cualquiera en cualquier departamento y en cualquier nivel de Marvel. Mis equipos solían ser bastante duros conmigo, hablando y diciéndome exactamente lo que pensaban y lo que podríamos hacer para solucionar cualquier problema que encontráramos durante el proceso de producción. Respeto lo expresivos que fueron y aprecio que se sintieran lo suficientemente cómodos como para expresar lo que pensaban. Esa es la mejor manera de trabajar. Me gusta saber cómo funcionan las cosas y me enorgullezco de estar al tanto de los nuevos desarrollos en *software*, sistemas y efectos visuales. Cuanto más sepa, más eficiente será mi liderazgo. Al final, tomaré en cuenta cada una de las opiniones de cada uno de mis equipos.

Hacer preguntas no solo me mantuvo al día sobre cómo trabajábamos, sino que me conectó con los equipos de mis departamentos. Gracias a estas conversaciones, pude mantenerme en contacto con las personas que hacían posible la magia a puerta cerrada. Así que, si sé que eres más productivo por la noche, no te pediré que estés en la oficina a las ocho de la mañana. Hablaré contigo para que podamos establecer un horario más tarde que se adapte a ti. ¿Por qué? Porque si te presiono para que llegues temprano cuando, por naturaleza, no estás tan atento como podrías estarlo, no voy a obtener lo mejor de ti para lidiar con lo que tenemos entre manos. Entiendo que algunas empresas requieren cierta estructura, pero tuvimos la oportunidad de hacer las cosas de forma un tanto diferente, así que ¿por qué no? Con tal de que coincidiéramos unas horas para responder preguntas, no me importaba el turno que eligieran los equipos. Esta fue una de las razones por las que en Marvel teníamos un grupo tan unido de personas que constantemente nos ayudaban a lograr lo imposible. Una vez que alcanzas una posición de poder, honra lo que tu equipo necesita para tener éxito. No se trata de ti; se trata de tu gente, del esfuerzo colectivo por alcanzar el mismo objetivo.

A lo largo de los años, me he propuesto contarles regularmente a los equipos lo que hacía y por qué. Siempre quise que tuvieran todas las herramientas a su disposición en caso de que necesitaran seguir adelante con un proyecto sin mí. Me gustaba dejarlos entrar en mi proceso, en mi forma de pensar, en mi toma de decisiones. Si trabajas conmigo, siempre sabrás cuál es mi postura. Si no lo sabes, es porque yo tampoco la he descubierto todavía. Siempre he *elegido* la transparencia, incluso cuando me he dado cuenta de que, si hubiera mantenido la boca cerrada y no hubiera sido tan testaruda o transparente en este negocio, podría haber ascendido antes en mi carrera profesional. Pero si lo hubiera hecho, ¿en quién me habría convertido?

Cuando el coronavirus azotó Estados Unidos en marzo de 2020 y nuestro Gobierno nos pidió que nos quedáramos en casa, seguimos esa directiva y comenzamos a trabajar de forma remota, al igual que la mayoría de las empresas no esenciales del país. Esto generó una mezcla de momentos terribles y maravillosos que tuvimos que gestionar lo mejor posible como equipo, como empresa y como país.

Muchos de los miembros del equipo conocían a personas que habían fallecido, al igual que yo. Si tenías hijos, los educabas en casa, así que tenías que hacer ese trabajo extra además del tuyo. Los niños sufrieron un síndrome de abstinencia terrible, y creo que ha afectado a esa generación de maneras que aún desconocemos. Todos estábamos preocupados por el impacto físico y mental que esas semanas, y luego meses, tendrían en ellos y en nosotros. Sin embargo, en medio de las enfermedades y el creciente número de muertes que nos conmovían, tuvimos que encontrar la manera de operar de forma remota y mantener a la gente empleada.

Y así comenzaron las interminables reuniones por Zoom con sus frases ya clásicas: «Estás silenciado». «Tu cámara está apagada». «Por favor, silénciate». Este cambio en nuestra forma de trabajar también abrió una ventana a cada uno de nuestros hogares. Pudimos conocer a los hijos de los demás, que inevitablemente nos miraban por encima del hombro o aparecían al fondo mientras analizábamos imágenes de postproducción. Y luego estaban las mascotas, que nos hacían reír con sus maullidos sonoros o ladridos incesantes exigiendo que se les abriera la puerta y nos conmovieron con su presencia en cámara. Por mi parte, cuidaba a Oliver, el perro de los padrinos de mi hij@. Durante los primeros tres o cuatro días, Oliver tenía mucha ansiedad y sus aullidos se filtraban en cada una de mis reuniones diarias. Al cuarto día, paró. Mientras tanto, mi madre, que vivía con nosotros en ese entonces, no entendía bien que nuestras reuniones implicaban una cámara, así que entraba en el cuarto y me hablaba como si estuviera sola. Un par de veces, mientras participaba en un panel con 1500 personas mirándome, mi madre entró y me preguntó a gritos por el baño y dónde había dejado las toallas. Por muy estresantes que fueran esas situaciones incómodas, también nos proporcionaron un toque de humor en un momento en el que no teníamos ni idea de qué esperar.

En cuanto al trabajo, bueno, no sabíamos cómo producir a distancia porque nunca habíamos tenido que hacerlo. Es más, teníamos gente varada en todo el mundo que había estado en locación cuando se desató el efecto dominó del confinamiento, y tuvimos que averiguar cómo traerlos a casa sanos y salvos lo antes posible. Eso en sí se convirtió en una misión, ya que cada parte del mundo se vio afectada en un momento ligeramente diferente. Decir que fue un caos es quedarse corto. Creo que probablemente fue uno de los momentos más estresantes de toda mi carrera. Ahí estábamos, un grupo fanático del control al mando de algo que nadie podía controlar, en especial al principio, cuando no sabíamos nada sobre el covid-19. Y como personas que trabajan en producción, acostumbradas a encontrar el origen del problema y hacer lo que sea necesario para resolverlo, la incertidumbre nos sacaba de quicio.

Con el paso de los días, hicimos todo lo posible por adaptarnos al teletrabajo en medio del miedo palpable a lo desconocido. Las cosas fallaban con regularidad. En producción, estamos acostumbrados a los obstáculos, pero estos eran completamente nuevos para nosotros porque ocurrían en casa. Había problemas de conectividad y un sinfín de distracciones, no solo de nuestras familias y mascotas, sino también de las entregas a domicilio, los vecinos poniendo música o cortando el césped, sonidos que se colaban en nuestras reuniones; todo aquello que escapaba a nuestro control. También perdimos ese toque personal que se siente al cruzarse con alguien en un ascensor, al ir a buscar un café o al conversar en el pasillo. Esos momentos que nos permitían estar al tanto de cómo estábamos prácticamente desaparecieron al pasar de una reunión en línea a otra.

De repente, nos encontrábamos sentados en nuestros escritorios de doce a catorce horas al día, sin el respiro que da caminar de un edificio a otro. Se volvió bastante robótico, casi como un juego de resiliencia. Al final, aprendí a dejar tiempo entre las reuniones de Zoom para estirar las piernas o tomar un vaso de agua, pero para muchos de nosotros fue un caos, uno de los mayores ejercicios de paciencia de nuestras vidas, sobre todo cuando uno está acostumbrado a cierta velocidad y eficiencia. Aun así, de alguna manera, lo superamos y logramos mantener a flote la nave Marvel.

La primera semana que nos permitieron volver al estudio, recuerdo estar en el coche esperando mi turno para pasar por la puerta de seguridad de Disney, y al acercarme a la entrada, uno de mis guardias favoritos me dijo:

—Siento mucho que haya tenido que esperar, señorita Alonso.

—Pero, ¡por favor! —respondí extasiada—. ¡Estoy tan feliz de que hayamos vuelto! —Lo miré y a ambos se nos dibujó una amplia sonrisa porque sabíamos que este momento significaba mucho más que el simple hecho de esperar en la fila de la entrada.

Se me llenaron los ojos de lágrimas al cruzar las puertas. Fue una semana increíblemente emotiva para todos. Seguíamos con barbijos y manteniendo la distancia, así que, aunque por fin pudimos estar juntos en las mismas salas, no pudimos abrazarnos ni compartir sonrisas. Pero había una vibra cinética en el aire, llena de esperanza de que poco a poco estuviéramos superando esta devastadora pandemia.

Durante este tiempo, a pesar de todos los obstáculos, logramos crear trabajos hermosos, como *WandaVision* y otras series de televisión, que fueron una novedad para muchos de nosotros en el estudio. También iniciamos una rama de animación en el estudio, algo que tampoco habíamos hecho antes. En cierto modo, tener que parar de repente las producciones y posponer las fechas de estreno fue una bendición. Nos permitió pensar en nuestros proyectos de aquel momento sin que las fechas de entrega distrajeran nuestra atención. Terminamos muchos y luego los dejamos de lado hasta nuevo aviso. Este cambio también nos abrió la puerta a trabajar de forma remota uno o dos días a la semana. Solía pasar muchos fines de semana en la oficina, pero este tiempo me permitió reenfocar mis prioridades y solo hacerlo cuando algo urgente requería atención. Cualquier otra cosa ahora podía atenderse por Zoom. En última instancia, de la devastación surgió una mejor forma de vivir y trabajar.

Cuando empezamos a ocupar puestos de poder, tenemos la posibilidad de defender lo correcto a mayor escala, y no debemos darlo por sentado. Nuestras voces ahora pueden usarse no solo para defendernos a nosotros mismos y a nuestros equipos, sino también para el bien común.

Cuando estoy en presencia de alguien que hace un comentario o una broma casual que considero ofensiva, no me quedo callada. Hablo con respeto y expreso mi incomodidad. Por insignificante que parezca la frase, si no hablamos, estamos permitiendo que esos comentarios se acepten en la conversación; otro ejemplo de por qué el silencio puede ser veneno.

En lugar de forzar una risa y esperar que la persona capte la indirecta y cambie de tema, ¿por qué no decir, por ejemplo: «Por favor, no digas ese chiste sobre los gays. ¿No te das cuenta de lo hirientes que son esos chistes?». Si suficientes personas alzan la voz, esos chistes pronto serán cosa del pasado.

La primera vez que decidí salir con una mujer, no lo oculté. Alcé la voz y se lo comenté de forma abierta a mi madre durante una de nuestras llamadas.

—Voy a tener una cita con una chica.

—¿Qué querés decir con una cita? —preguntó.

—Una cita —dije.

—¿Como una cita, cita? —indagó.

—Sí, una cita, cita.

—Ah.

Mi mensaje fue claro: Puedes formar parte de mi vida durante lo que sea que esté pasando, o no. Se tomó su tiempo para digerir la noticia. Este cambio no significaba en absoluto que mi primer matrimonio no fuera real. No es que hubiera amado a las mujeres toda mi vida y lo hubiera mantenido en secreto para ocultar mi verdadera sexualidad. No, amé a mi marido. Sentí un gran pesar cuando nuestro matrimonio terminó. No consideré salir con mujeres hasta que se presentó la posibilidad, y lo primero que pensé fue: «¿Por qué no?».

Poco después de nuestra conversación, mi madre sufrió un

pequeño derrame cerebral y tuvo que someterse a una angioplastia. Viajé a Argentina para estar a su lado. Y después de que se recuperó y nos dejaron solos en su habitación, al fin me dijo:

—Bueno, quiero que sepas que no entiendo por qué elegís estar con mujeres. Para mí, es como si me dijeras que querés ser monja. Nunca fuiste religiosa, nunca te pusiste ropa de monja, no rezabas, no salías con gente de la Iglesia. Y de repente, ahora tenés veintitantos y me decís que querés dedicar tu vida a la Iglesia? Ser gay es un concepto extraño para mí, pero hablé con mi sacerdote, con mi terapeuta, con mi sanador, y he trabajado mucho en tu decisión, así que si volvés con los hombres, te mato.

Fui directa y honesta con ella, y también entendí por qué había necesitado un poco de tiempo para comprender lo que yo sabía que era verdad en mi corazón. Nunca me dijo que aceptaba completamente mi homosexualidad —hasta el día de hoy, no creo que lo haya hecho, y creo que daría cualquier cosa por que volviera con los hombres—, pero ha aprendido a convivir con esto porque eligió seguir teniendo mi presencia en su vida.

Salir del clóset no fue difícil para mí, y siempre me aseguro de aclararlo cuando surge el tema. A veces, la gente refleja tu vergüenza con su falta de aceptación. Porque si te avergüenzas de quien eres, entonces algo debe estar mal contigo, que es como se siente quien no te acepta, así que estás validando sus sentimientos. Cuanto más podamos compartir nuestras experiencias, hayan sido una lucha o no, sin tintes de vergüenza, más personas aceptarán nuestras historias de amor y por fin comprenderán que nuestras decisiones no amenazan su forma de vida. El amor es amor.

Ojalá pudiera decir que las únicas veces que he tenido que defender a mi comunidad LGBTQIA+ fue para acallar bromas irrespetuosas, pero luego llegó el 8 de marzo de 2022, cuando Florida aprobó su proyecto de ley «No digas gay», que regula las clases y limita las conversaciones sobre identidad de género y orientación sexual en las aulas de todo el estado. La decepción me partió el corazón. Y unas semanas después, al aceptar el Premio GLAAD Media a la Mejor Película por *Eternals,* no pude evitar usar ese micrófono para expresar públicamente mis preocupaciones:

> ***Si eres miembro de la comunidad LGBTQIA+ y trabajas en Walt Disney Company, las últimas dos o tres semanas han sido un acontecimiento triste. Le pedí al señor Chapek que tuviera valor. En una conversación de cuarenta y cinco minutos, le pedí que mirara a su alrededor y, sinceramente, si lo que vendemos es entretenimiento para la familia, que no elijamos para qué familia. La familia es toda esta sala. La familia es la familia en Texas, en Arizona, en Florida y en mi familia, en mi hogar. Así que le pido de nuevo, señor Chapek, por favor, respete —si estamos vendiendo familia—, tome una postura en contra de todas estas leyes absurdas y obsoletas. Tome una postura a favor de la familia. Deje de decir que nos tolera; nadie me tolera, déjeme decirle. Usted tolera el calor en Florida, la humedad en Arizona o Florida y la sequedad en Arizona y Texas.***

> ***Y tolera una pataleta en un niño de dos años. Pero a nosotros no nos tolera. Merecemos el derecho a vivir, amar y tener. Más importante aún, merecemos una historia de origen... Los animo a todos a dejar de guardar silencio. El silencio es muerte... el silencio es veneno... Luchen, luchen, luchen. Mientras esté en Marvel Studios, lucharé por la representación.***

Una súplica emotiva se sintió bien en ese momento. Surgió de un lugar de amor. Había hecho prensa para *Eternals*, pero no había asistido al evento con esa intención. Se presentó la posibilidad y dije que sí.

Tu voz no solo te ayudará, sino que también tiene el poder de dar voz a otras personas y tener un impacto en sus vidas.

Si el silencio es veneno, nuestra voz es el antídoto. Pide lo que crees que mereces en el trabajo y en tus relaciones; mantén la curiosidad y, cuando al fin tengas un lugar a la mesa, úsalo para alzar la voz y defender tus creencias. Como dijo una vez el psiquiatra estadounidense David Viscott: «El propósito de la vida es descubrir tu don. El trabajo de la vida es desarrollarlo. El sentido de la vida es regalar tu don».

Mi don es mi voz. ¿Cuál es el tuyo?

9

Sé humilde

«Silencia tu ego y tu poder surgirá».

—ANCESTRAL, *DOCTOR STRANGE: HECHICERO SUPREMO* (2016)

Hay una tienda en la esquina calle abajo de mi casa que tiene dos palabras pintadas en su extensa pared exterior: SÉ HUMILDE. La primera vez que se las señalé a mi hij@, era bastante pequeñ@ y apenas sabía leer, pero le enseñé a deletrear las palabras, y cada vez que pasábamos por esa pared hablábamos de su significado. Me fascinaba una y otra vez lo que la humildad representaba en sus ojos. Demasiadas personas pierden de vista su humildad una vez que alcanzan un gran éxito; sin embargo, ser y permanecer humilde es parte integral de los cimientos de lo que nos hemos propuesto construir en mi familia. Si no mantienes la humildad, todo lo que has trabajado tanto para lograr a nivel personal y profesional se derrumbará. ¿Por qué? Porque el ego es el primo al que nadie quiere invitar a la reunión familiar. El que ha perdido la perspectiva y cree que la vida gira en torno a él.

En *Thor,* cuando Thor desafía los deseos de su padre y viaja a Jotunheim para enfrentarse a los Gigantes de Hielo por intentar recuperar una fuente de poder, llamada el Cofre de los Antiguos Inviernos, de Asgard, se desata una batalla que rompe una larga pero frágil tregua entre los dos planetas. Al final, Odín, el padre de Thor, debe intervenir para rescatar a Thor y a quienes lo han seguido en esta calamitosa misión. Al regresar a casa, se desata una guerra de palabras entre Thor y Odín. Thor defiende impulsivamente sus acciones: «No habrá un mundo que proteger si tienes miedo de actuar. Los Jotun deben aprender a temerme como una vez te temieron». Decepcionado, Odín responde: «Son el orgullo y la vanidad hablando, no el liderazgo». Tras otro acalorado intercambio, Odín se queda callado y se da cuenta de que su hijo no está listo para asumir su papel como rey de Asgard. Por lo tanto, decide desterrar a su hijo a la Tierra, despojándolo de su martillo y sus poderes para darle una lección. Thor debe aprender a dejar de lado su ego y ser humilde para merecer recuperar su poder. Y lo hace cuando redirige su fuerza al bien de la humanidad.

Cuando me preguntan: «¿Qué es el poder? ¿Qué es el éxito?», empiezo explicando que mi idea del éxito es diferente a la que muchos tienen de este concepto. Me siento exitosa cuando logro pasar el día de la manera más saludable y alegre posible. Veo mi trabajo como un regalo, una oportunidad para contar historias, un privilegio, pero por mucho que suba por la famosa escalera del éxito, nunca siento que he llegado. La sensación de haber «llegado», de haber triunfado, se hace palpable cuando escucho a alguien decirme: «Nunca consideré la posibilidad de esta carrera, pero cuando vi tu nombre en los créditos y me di cuenta de que eres como yo —latina, gay, inmigrante—, me di cuenta de que, si tú pudiste, yo también podría». Allanar el camino para que todas las personas participen, abrir esas puertas, crear posibilidades accesibles para las generaciones futuras independientemente de sus orígenes, dejar ese legado: así defino el éxito. Prefiero ser una buena persona que una persona exitosa.

Al final, no se trata solo de ti o de mí, se trata del colectivo. Las diferentes perspectivas de cada miembro de nuestro equipo nos ayudaron a responsabilizarnos de manera mutua. Nos desafiábamos constantemente durante la creación de nuestras películas y series. «Espera, ¿por qué haría eso?», decía uno de ellos sobre un personaje. «Mmm, ella no diría algo así», añadía yo. Cuando dejamos de lado nuestros egos y nos mantuvimos receptivos a este tipo de diálogo abierto y honesto, pudimos generar más chispas de creatividad y abrir la puerta a nuevas ideas del resto de las personas presentes.

Este es el modelo que me gustaba usar con todos nuestros equipos. No creo en una jerarquía piramidal en el trabajo; sé que a algunos les puede resultar útil, e incluso puede ser necesario para ciertas empresas, pero la clásica «o se hace a mi manera o nada» es todo lo contrario a como funciono yo. No quiero sentirme superior a nadie, y no me interesan las luchas de egos. Me interesan las grandes historias, y eso se logra cuando trabajamos codo con codo y en equipo. Veo a las personas con las que trabajo más como una burbuja fluida, en constante movimiento, uniendo fuerzas para llegar a la meta sin estallar. Claro, la burbuja puede transformarse por momentos en una pirámide si tengo que tomar una decisión final, pero en general, quiero que sigamos adelante juntos. Dentro de esta burbuja fluida, siempre animo a mis equipos a hablar y a ser sinceros. Es más, no escuchar a la gente solo porque, en teoría, no tiene tanta experiencia como la vieja guardia tampoco me parece lógico. Algunos de los mejores consejos que he recibido han venido de personas nuevas en la industria, porque tienen una perspectiva innovadora que puede llevarnos a una solución maravillosa que ninguno de nosotros había imaginado antes. Estas interacciones me llenan de vida. Crean nuevas posibilidades.

Me apasiona el cambio; por eso me apasiona la narrativa desde el punto de vista de la tecnología y los efectos visuales, porque está en constante evolución. Justo cuando crees que entiendes bien cómo funciona y qué puede hacer, una nueva función lo cambia todo. Nos mantiene alertas, sin duda, y también nos mantiene humildes. Esto me recuerda a un póster que tenía en la pared de mi habitación cuando era niña, el último recuerdo que tengo de mi habitación antes de mudarme a Estados Unidos: un gorila con expresión inquisitiva mirando a la cámara, con una leyenda que decía: JUSTO CUANDO APRENDÍ TODAS LAS RESPUESTAS, CAMBIARON TODAS LAS PREGUNTAS. Esa frase permaneció vívida en mi mente mientras navegaba por mi carrera en Hollywood. Resume bien lo que es el cine. Se aprende sobre la marcha. Muchas de las respuestas de hoy probablemente serán diferentes a las que encontraremos dentro de un año.

Si entras en esta industria con demasiada arrogancia, Hollywood acabará demostrándote quién manda. Porque en esta ciudad puedes ser la crema y nata un día y ser olvidado al siguiente. Por eso es importante que mantengas la humildad. Este es un negocio impredecible. A las generaciones más jóvenes de Marvel Studios solía decirles seguido: «Trabajaré para ustedes algún día». Porque lo he visto suceder. He trabajado para personas al principio de mi carrera que luego trabajaron en mi equipo. Por eso, uno de mis pilares de humildad profesional es recordarme a diario que mi trabajo es un privilegio y es temporal. En algún momento de mi carrera, mi tiempo también terminará y le tocará a alguien más ascender a la cima. Así que no me creo ese mensaje de «soy irremplazable». Esta actitud me ayuda a mantener viva mi humildad y bajo control mi lado argentino creído.

En lugar de actuar como si se te debiera cierto respeto por tu puesto o título, aprecia cada momento y concéntrate en respetar por igual a todos los que se cruzan en tu camino, sin importar su posición en la jerarquía de la industria. Yo me aseguro de enfocarme en el ser humano detrás del título. Cuando estaba en Marvel, no hablaba con el jefe de utilería ni con el supervisor de efectos especiales; hablaba con las personas que tenían esos títulos. Porque sabía quiénes eran; los conocía desde hacía mucho tiempo. Cuando veía a alguien de mi equipo con dificultades, le preguntaba cómo estaba su familia, cómo estaba esa persona. Establecer esa conexión convirtió a ese trabajador en una persona. Todos luchamos. Todos tenemos días buenos y malos. Todos tenemos momentos en los que pasan cosas en casa que no nos permiten concentrarnos de la misma manera en el trabajo, independientemente del cargo que ocupemos. Y eso está bien. La belleza de trabajar en equipo es que cuando alguien tiene que dar un paso atrás, alguien más está dispuesto a dar un paso adelante para llenar ese hueco.

Así que la próxima vez que interactúes con alguien en el trabajo, deja a un lado tu cargo, tu carrera, tu poder, y recuerda que el jefe, compañero de trabajo, miembro del equipo o empleado frente a ti es simplemente otro ser humano. Hablo con un director ejecutivo de la misma manera que hablo con un encargado de valet parking o con la persona que limpiaba el segundo piso del edificio Frank G. Wells en Marvel. Hablo con un director de gran prestigio de la misma manera que hablo con un asistente de producción. Nuestros logros no desaparecerán si somos nosotros quienes le preparamos un café a otra persona para variar o si tenemos que estacionar más lejos porque nuestro lugar habitual está ocupado. En el momento en que olvidas la humanidad de tus compañeros, tu humildad se vuelve inexistente. Cuando estés a punto de cruzar esa línea inconexa, recuerda esto para mantenerte firme: todos somos un grupo de humanos imperfectos que intentamos descifrar la mejor manera de navegar por esto que llamamos vida. Al final, es así de simple.

Otra ancla clave de humildad que uso para mantenerme firme es cultivar las conexiones con personas más allá de

Hollywood, más allá del trabajo, con quienes me conocen de antes. También tengo algunos amigos en la industria, pero no suelo ir al cine con ellos ni llamarlos por la noche cuando necesito hablar de algo personal. Esas conversaciones se las dejo a mis amigos de toda la vida, como Alejo y Elena, que son como mis hermanos. Me conocen desde niña. Y me pondrán en mi sitio en un abrir y cerrar de ojos cuando sea necesario.

Rodéate de personas que te digan las cosas como son y que no te digan que sí a todo en la vida. Y, como recomienda mi amiga Bonnie Curtis, productora de cine que trabajó con Steven Spielberg durante mucho tiempo: «Contesta todas las llamadas. Respóndele a la gente. No importa si te lleva un mes. Vuelve a llamarlos». Ese es uno de los consejos que sigo yo. Hago todo lo posible por llevarlo a cabo con convicción, y si no puedo devolverle la llamada a alguien, busco a otra persona que lo pueda guiar con lo que necesita. En Hollywood, la gente pasa por ciclos: un día estás en un alto nivel de éxito y al día siguiente puedes estar sin trabajo, pero las personas con talento tienden a recuperarse y encontrar su camino. Así que vuelve a llamar a la gente sin importar en qué punto de su propio «ciclo de éxito» se encuentre.

Otra herramienta que uso para mantenerme a raya, que me gusta practicar con regularidad y que espero que tú también incorpores a tu vida, independientemente de tu trabajo, es el ejercicio de «Las tres llamadas telefónicas». Estas llamadas son regalos que podemos dar y recibir hoy. Están a nuestro alcance. Son llamadas que he hecho y sigo haciendo regularmente para mantener la armonía en mi vida.

Primero, haz una llamada que has estado posponiendo. Ya sabes, esa que has querido hacer para avanzar a nivel personal o profesional, donde pides algo que quieres o mereces. Si no lo pides, nunca sucederá. Hazlo. Date ese regalo. Tú lo vales. La ganancia potencial es enorme, y la pérdida es nula si es un callejón sin salida. Recuerda, al no pedirlo, ya tienes un *no*.

Luego, haz una llamada exclusivamente para otra persona, sin compromisos. No solo seas humilde, sé amable y haz esto por alguien solo porque puedes. No tienes idea de cuánto puedes cambiar la vida de alguien con una breve llamada. No importa en qué etapa de tu carrera te encuentres, ya seas guía de sets, asistente, productor o presidente, este tipo de ayuda y amabilidad está a tu alcance. Úsalo bien.

Hace poco hice una llamada así por una actriz que se convirtió en directora. Un día, mientras almorzábamos, me hablaba de su proyecto cuando noté que su habitual entusiasmo se veía repentinamente empañado por la preocupación.

—¿Qué pasa? —pregunté.

—Bueno, sé que el estudio está interesado, pero creo que tienen dudas sobre seguir adelante porque soy directora debutante.

—La llamaré —dije, refiriéndome a la persona que tomaba las decisiones para este proyecto.

—¿Por qué? Ni siquiera sabes si puedo hacerlo.

—No, pero creo que sí. Creo que vas a estar bien. Y si te

encontrás en un apuro y todo se va al infierno, llamame y te ayudo.

A veces, una persona capaz solo necesita que otra persona capaz le dé un voto de confianza. Esa misma tarde, agarré el teléfono e hice la llamada.

—Creo en ella —dije—. Creo en su dedicación, creo que tiene buen ojo para el trabajo, creo en quién es, y si alguna vez lo necesita, yo la ayudo.

Sinceramente, no creo que mi llamada le haya conseguido el proyecto porque, por lo que entendí, ya tenían pensado dárselo, pero quizás ayudó a despejar cualquier duda que aún le quedara a esta persona.

He hecho miles de llamadas como esta. Y nunca he recibido una llamada pidiéndome que me haga cargo de un proyecto, porque las personas que he avalado nunca han fallado. El hecho de que alguien crea en ti como cineasta es enorme. Y para quien se arriesga y te contrata, saber que otra persona capaz cree en ti y te ha ofrecido una línea telefónica abierta para ayudarte a convertirte en un cineasta más fuerte también es importante.

A veces, esta llamada para otra persona simplemente se reduce a unas palabras de aliento para ayudar a despejar cualquier atisbo de duda. Otras veces, esta llamada puede ser para abrirles camino o conseguirles una oferta de trabajo. Mucha gente no sabe cómo acceder a esta industria, cómo entrar, pero con un pequeño empujón en la dirección correcta, puede que tengan lo necesario para impulsar una carrera que ni siquiera sabían que podían tener. He hecho llamadas que me han llevado a contratar a personas con todo tipo de experiencia laboral, desde un encargado de valet parking hasta un barista de Starbucks. Si veo que tienen mentalidad de productor o el potencial para convertirse en productores, les doy una oportunidad. Puedes aprender la historia del cine en tu tiempo libre, pero los instintos de un productor son difíciles de enseñar. Es increíble cómo una breve llamada puede ser la clave para un gran cambio en la vida de otra persona. No subestimes tu poder para marcar la diferencia.

La tercera llamada de este ejercicio tiene como objetivo ayudarte a convertir el resentimiento en perdón. Sí, dejé la más difícil para el final, pero es uno de los momentos más sanadores que puedas experimentar. A menudo, el resentimiento es una calle de un solo sentido. Puedes estar molesto con un amigo, compañero o familiar, albergando este malestar en tu interior. Y puede que no se den cuenta porque nunca has hablado con ellos directamente sobre lo que te preocupa. Si vives con resentimiento, dándole vueltas al dolor en tu mente mientras analizas cada segundo de lo que te llevó a sentirte así en un principio, inconscientemente estás creando tu propio obstáculo al rodearte de un campo de energía negativa que lo consume todo. Y a medida que esa energía negativa crece, ocupa el espacio que debería haber sido reservado para las cosas positivas que se dirigen hacia ti. El único que sale perdiendo eres tú, si no hablas.

Empieza por profundizar un poco más para llegar a la raíz de este resentimiento. Habla contigo mismo antes de recurrir a las personas o la estructura que creó este sentimiento en tu interior. Convierte el resentimiento en perdón, perdonándote primero a ti mismo. Averigua cuál es tu papel en el hecho en cuestión y perdónate por cualquier error que hayas cometido.

Si la situación o el problema en juego realmente no tiene solución, si involucra a alguien con quien no podrás hablar bajo ninguna circunstancia o un problema en una película o proyecto que no puedes solucionar sin importar cuánto lo hayas intentado, entonces concéntrate en perdonarte a ti mismo. Trabaja en dejar ir poco a poco el problema y el resentimiento y haz tu mejor esfuerzo por seguir adelante. En el proceso, permítete decir: «Bueno, esta vez no gané, y está bien». Date un respiro. No importa cuántos logros puedas tener a tu nombre, todos tenemos limitaciones, dudas, luchas y fracasos. Así que pon ese sentimiento de abatimiento y resentimiento en un globo y déjalo flotar hacia el cielo y expandirse hasta que explote. Luego di adiós, lo hecho, hecho está. Al perdonarte y liberar ese resentimiento, estás creando activamente espacio para el amor, la alegría y nuevas posibilidades. Ahora, a medida que avanzas, continúa dando lo mejor de ti en todo lo que haces, sin importar si tu mejor esfuerzo obtendrá los resultados que esperas.

En mi opinión, hacer *Pantera Negra* fue difícil, no solo por su tamaño y escala, sino por el significado que conllevaba —lo que potencialmente podría representar para las personas negras y morenas era gigantesco—, así que la responsabilidad que todos llevábamos sobre nuestros hombros era enorme. Durante este tiempo, tuve varias conversaciones con Hannah Beachler, quien debutaba como diseñadora de producción. La enormidad del asunto a menudo la abrumaba, pero yo le aseguraba constantemente que era la persona indicada para el trabajo y con frecuencia le decía: «Repítete esto: *Hice lo mejor que pude, y lo mejor que pude fue suficiente*». Esa frase me pareció tan poderosa que a menudo se la enviaba por correo electrónico o mensaje de texto como recordatorio. Varios meses después, Hannah subió al escenario para recibir su Premio de la Academia al Mejor Diseño de Producción por *Pantera Negra*, y al final de su hermoso y conmovedor discurso, repitió exactamente estas palabras: «Les doy esta fuerza a todos los que vienen después, para que sigan adelante, para que nunca se rindan, y cuando piensen que es imposible, recuerden decirse este consejo que recibí de una mujer muy sabia: "Hice lo mejor que pude, y lo mejor que pude es suficiente"». Debemos recordarnos que no podemos resentirnos por algo que no hicimos si lo que hicimos fue lo mejor que pudimos. A veces, eso es todo lo que podemos dar en un momento específico.

Ahora bien, si hay más partes involucradas, y existe una mínima posibilidad de que te puedas acercar y hablar de tu resentimiento con ellas y convertirlo en perdón, no dudes en hacerlo. Probablemente me maldigas mientras estés en el meollo del asunto, porque no es una conversación fácil, pero luego lo agradecerás. Es una de las llamadas más difíciles y, a menudo, una de las mejores que harás. Al iniciar la conversación, haz lo posible, sin señalar a nadie, por explicar con claridad cómo te afectó lo sucedido. Mantén la calma. En un mundo ideal, tendrías la oportunidad de hablar, de aclarar cualquier malentendido, de perdonar y seguir adelante, pero no vivimos en un mundo ideal. Por lo tanto, esa llamada no puede provenir del deseo de escuchar a la otra persona decir: «Lo siento». Algunas pensarán que no hay nada que perdonar y ni siquiera considerarán tu preocupación como un problema. Esta llamada debería surgir de tu propia necesidad de cerrar el tema. En última instancia, es para que puedas decir lo que piensas, perdonar y seguir adelante. El resultado es que *tú* hiciste la llamada, no el resultado de la llamada en sí.

Una música amiga mía usó esa llamada con el productor de su álbum anterior, alguien con quien guardaba rencor, pero que con el tiempo se dio cuenta de que había sido uno de sus mejores productores. Cuando lo llamó y le preguntó si podían superar sus diferencias, esa persona dijo: «Claro, lo superé hace meses». Ese resentimiento no vivía en esa persona; solo vivía en ella. Y esa llamada allanó el camino para el perdón y creó espacio para un posible nuevo comienzo entre ellos, o al menos una sensación de cierre.

Si no te animas a hacer esta llamada, no pasa nada. No te castigues por eso. En su lugar, intenta escribir todo en una carta y luego envíala, tírala o quémala. El objetivo de esta práctica del perdón es abandonar esa isla de resentimiento abordo del barco del perdón y regresar a un lugar de amor. El ayer ya pasó, el mañana está por venir, pero el hoy lo es *todo*.

Siempre siento que el segundero de un reloj marca el paso del tiempo sobre mi cabeza. Y esto me impulsa a cuestionarme a diario: «¿Estoy tomando la decisión correcta sobre cómo invierto mi tiempo? ¿He hecho lo suficiente? ¿He dado lo suficiente? ¿Estoy dejando este lugar mejor de como lo encontré?». Como mi padre murió a los cuarenta años, cada año que llevo pasada esa edad se siente como un regalo. Mientras escribo esto, tengo diecisiete años más que él cuando falleció, pero ¿llegaré a los dieciocho? No lo sé, nadie lo sabe. ¿Estoy ganando la batalla contra el tiempo? No. Nunca. Esa es una batalla que ninguno de nosotros ganará. Pero al menos sé en mi corazón que estoy luchando con todas mis fuerzas. Esta conciencia de lo corta que puede ser la vida es lo que me inspira a inyectar diversión en cada día, cantar, reír, compartir y siempre decir lo que hay que decir en caso de que no esté presente para decir mi verdad mañana. La vida, el simple hecho de tener el privilegio de estar viva, es uno de los principales elementos que me mantienen humilde y con los pies en la tierra.

Al final del día, si te enfocas sólo en la montaña que estás construyendo, te arriesgas a vivir a la sombra de esa montaña en lugar de a la luz humilde que se encuentra en su cima. Como dice Shuri en *Pantera Negra*: «No porque algo funcione bien significa que no hay lugar para mejorar». Esto se aplica a lo que hacemos y también a quienes somos. Me niego a dejarme llevar por mi propio poder porque, si lo hiciera, ya no podría vivir en el mundo de las posibilidades. En definitiva, todo conduce a aprovechar tu superpoder de posibilidad para perseguir tus sueños, manteniéndote en la luz de la humildad y la gratitud a cada paso. Ahí reside el privilegio.

10

Elige el amor

Thor: «Lo que deseas es amor».
Gorr: «Amor. ¿Por qué desearía amor?».
Thor: «Porque es lo que todos deseamos».

—*THOR: AMOR Y TRUENO* (2022)

Los últimos años han estado plagados de pérdidas y momentos de profunda reflexión que nos han inspirado a muchos a cambiar de rumbo y realinear nuestro camino. El covid-19 nos reunió a todos bajo el mismo techo pandémico, un lugar donde de repente nos vimos sumidos en el duelo por la pérdida de seres queridos, la pérdida de tiempo preciado, la pérdida de la libertad de movimiento, la pérdida del contacto humano. Pero, como dice Visión en *WandaVision*: «¿Pero no es la aflicción un fuerte amor que persevera?». En esa unión, pudimos ver qué funcionaba y qué no, tanto en nuestra vida personal como profesional. Algunos decidieron esforzarse por mejorar lo que faltaba; otros se dieron cuenta de que ningún esfuerzo arreglaría su situación, así que decidieron irse y darse la oportunidad de empezar de nuevo; y algunos se alejaron y regresaron para intentarlo de nuevo. En todo caso, esta pandemia ha sido el mayor desestabilizador y el gran ecualizador. Nos hizo detenernos, enfrentar nuestras realidades y reunir el valor y la honestidad para determinar qué queremos y necesitamos de la vida y en términos de amor.

Amor: una palabra que parece pequeña con solo cuatro letras, pero tiene mucho peso e importancia en nuestras vidas. En última instancia, como Thor le dice a Gorr, el villano de *Thor: Amor y trueno*, el amor es todo lo que cualquiera de nosotros desea. Pero eso no significa que nos resulte fácil. Todos deseamos tener amor, dar amor, sentir amor. Y debido a esto, la falta de amor puede crear uno de los cráteres más profundos que enfrentamos en nuestro camino. Piensa en la conmovedora respuesta de Loki al intentar definir el significado del amor: «El amor es una daga. Es un arma que se empuña de muy lejos o de muy cerca. Puedes reflejarte en ella, es muy hermosa. Hasta que te hace sangrar». En su búsqueda involuntaria de amor, Loki encontró dolor y abandono, lo cual alimentó sus inseguridades a lo largo de su vida, llevándolo a preguntarse si alguna vez fue amado de verdad por su familia. Sin embargo, cuando se encuentra atrapado en una celda en un bucle temporal con Lady Sif, quien le da un cachetazo una y otra vez y le dice: «Sólo espero que sepas que mereces estar solo y que lo estarás siempre», algo cambia dentro de él. Después de creer con fervor que estaba mejor solo, se da cuenta de que no necesariamente quiere estar solo, en especial después de conocer a Sylvie, su futuro amor.

Todos merecen la oportunidad de amar y ser amados.

Pero ¿qué es el amor?

A menudo, lo primero que nos viene a la mente cuando pensamos en el amor, aparte de una pareja, es la familia. Empecemos por ahí.

¿Qué es la familia para ti?

Si sientes que tus parientes consanguíneos son tu única familia, ¡bien por ti! Pero nacer en un núcleo específico de personas no significa que vayamos a encajar y llevarnos bien con todos de forma automática. A medida que crecemos, nuestras experiencias individuales empiezan a moldearnos y a marcar nuestro propio y único camino. Y a veces, ese camino que tomamos nos hace ver la vida desde una nueva perspectiva, que puede no coincidir siempre con la de nuestra familia. Con el tiempo, podemos descubrir que ya no compartimos los mismos gustos ni valores. Quienes consideras en el fondo de tu corazón como familia no siempre tienen que ser quienes te trajeron al mundo y comparten tu ADN.

Llegar a esta conclusión no es tarea fácil. Nuestro crecimiento y evolución individual no significa que queramos menos a nuestra familia biológica, pero puede que no siempre nos caiga bien. Esto, a su vez, es lo que nos impulsa a crear nuestra propia burbuja, un lugar donde nos sentimos seguros y amados sin juicios, nuestra familia elegida.

Ese tema de la familia elegida se encuentra en la mayoría

de, si no en todas, las películas del MCU en las que trabajé. Ya sean los Guardianes de la Galaxia, la Capitana Marvel, Black Widow o los Vengadores en su búsqueda de identidad, la mayoría de nuestros personajes encuentran el apoyo y el amor que alimenta su fuerza en su grupo esencial de personas, y estas personas no suelen estar definidas por linajes. Eligen tener a estas personas en sus vidas, confiar en ellas, porque les alegran el corazón y les brindan una sensación de confort y amor incondicional. Tomemos como ejemplo a Natasha Romanoff: al final de *Black Widow,* ella y su hermana, Yelena, se dan cuenta de que, a pesar de no haber nacido de los mismos padres, tienen un vínculo innegable. Es más, Natasha resuelve sus problemas de la infancia y acepta que no tiene una familia, sino dos, y ninguna de ellas incluye a sus parientes consanguíneos.

A veces nuestros amigos son nuestra familia. A veces nuestra pareja o nuestras mascotas son nuestra familia. No hay una fórmula para crear una familia. Siempre querré a mi madre y a mi hermana, pero también he llegado a aceptar que nuestros caminos se han bifurcado en direcciones muy diferentes, que quizás no entendamos siempre, pero que aceptamos. Y así, a lo largo de mis más de cinco décadas de vida en la Tierra, como muchos de nuestros superhéroes, también he buscado mis propias familias elegidas. Desde Alejo García Pintos, un amigo de la infancia a quien considero mi hermano, hasta mis colegas con los que estoy en las trincheras día tras día. Todos ellos han sido una fuerza constante en mi vida, mi lugar de estabilidad, apoyo y felicidad; en muchos sentidos, mi hogar. Y entonces llegó mi miembro definitivo de la familia: mi hij@.

Siempre quise tener hijos, pero nunca tuve la necesidad de experimentar la maternidad desde el vientre, aunque respeto completamente a las mujeres que sí la necesitan. Mi sueño era darle a un niño que necesitara un hogar un lugar seguro donde crecer, rodeado de amor y apoyo. Exploré la idea de tener hijos en mi primer matrimonio, pero sentí que no era el momento adecuado. Por suerte, en mi segundo matrimonio, nuestros caminos y deseos coincidieron en este aspecto, por lo que el 23 de diciembre de 2009, el día después de mi cumpleaños, mi esposa y yo decidimos emprender el camino hacia la adopción. Siete meses después, sosteníamos a Raven en nuestros brazos. Era la pieza que faltaba en nuestras vidas.

Cuando Raven tenía unos cuatro años, estaba jugando con sus juguetes cuando de repente se detuvo, se giró hacia nosotras y dijo: «Gracias por adoptarme». Las lágrimas nos nublaron la vista. Cuando escuché esas palabras salir de ese pequeño ser humano, el mundo me pareció perfecto. Ese fue, sin duda, uno de los momentos más profundos de mi vida.

Además de crear una red de amor para Raven, le decimos constantemente: «Tu voz importa. Siempre. No solo en casa, sino también fuera». Siempre ha sido una personita pequeña y testaruda, como mi superheroína Mafalda. Pero con el paso de los años y las opiniones que seguían llegando, un día le dije en broma:

—Raven, quiero que tengas una opinión, pero no en esta casa.

Me miró un instante, luego esbozó una gran sonrisa y respondió:

—Qué graciosa.

Lo ha hecho desde que tenía unos tres años. Fue entonces cuando supe que sería una personita maravillosa. Se le ha dado la oportunidad de tener voz y decir lo que piensa. También nos aseguramos de inculcarle el poder de la posibilidad en cada oportunidad que tenemos. El mensaje es claro: no hay nada que no puedas hacer. Solo tienes que salir y trabajar duro para alcanzar tus metas.

Sin importar nuestra edad ni nuestras circunstancias, todos necesitamos una red de amor que nos sostenga cuando caemos. Esa red es el apoyo emocional que buscamos a lo largo de la vida. A veces proviene de nuestros colegas, amigos y familiares, y otras veces proviene del deporte, de la música o de un kilo de helado. La red también podría ser lanzada por una persona que justo está en tu vida en ese momento fugaz. Hay quienes nos acompañan a largo plazo y otros que pasan por nuestras vidas durante breves temporadas, pero todos tienen un propósito significativo. Depende de nosotros aceptar estas energías como pequeñas gracias salvadoras; nos ayudarán a recuperarnos y a dar los siguientes pasos hacia delante.

«Pero en tiempos de crisis, los sabios construyen puentes

y los necios construyen barreras. Debemos buscar el modo, hay que cuidarnos uno al otro». Esas palabras de T'Challa en *Pantera Negra* me tocaron una fibra sensible. Creo en el espíritu humano. La felicidad no se inclina hacia la derecha ni hacia la izquierda. Tampoco lo hacen la culpa, el engaño, la integridad o el amor. Son valores, rasgos y emociones humanas universales que están presentes en cada rincón del mundo. La no aceptación y el rechazo suelen provenir del miedo a lo desconocido. A menudo, lo desconocido ha sido marginado y oculto, pero eso no significa que no exista. No existe una cueva LGBTQIA+ donde todos nos escondamos. Existimos en la sociedad. Venimos de familias similares y creamos nuestras propias familias. Somos tus amigos, tus primos, tus vecinos, tus compañeros de trabajo. Mi familia no es una amenaza para la forma de vida de los demás. Y probablemente la gente se daría cuenta de esto si tan solo se tomara el tiempo de conocernos.

Creo que podemos salir de cualquier crisis si aprendemos a comunicarnos desde el corazón, con amor, sin importar nuestras similitudes o diferencias. La comunicación real implica encontrar un punto medio, en medio de un puente, y tener un diálogo abierto, honesto y respetuoso. Comunicar no es solo hablar; es escuchar. Necesitamos mantener una mentalidad clara, ser humildes con nuestras creencias y permanecer abiertos a comprender otras perspectivas. Esa es una de las claves esenciales para el progreso duradero.

Siempre he aspirado a crear arte que refleje la sociedad actual. Durante mi tiempo en Marvel traspasamos fronteras, y puede que hayamos provocado algunas controversias, pero también abrimos los ojos de la gente a realidades que quizá no habían comprendido o aceptado del todo hasta entonces. Y si aún no las comprenden ni las aceptan a través de esas películas, al menos han tenido la oportunidad de conocer otro punto de vista, lo cual es un enorme paso hacia delante. Así que, por favor, consideren una poderosa familia real africana. Por favor, consideren a Carol Danvers al mando. Sigo volviendo a *Pantera Negra* y *Capitana Marvel* porque son los pilares del edificio que espero dejar como legado como narradora y cineasta. Esas dos películas fueron un salto de fe hacia las «fórmulas no probadas» y han ayudado a allanar el camino para muchas de las que vendrán en el futuro.

Hace un tiempo, recibí este correo electrónico de un chico de veintitantos años:

> ***No te conozco, pero quiero compartir esto contigo. Mi padre y yo no nos habíamos hablado en diez años. Un día, de repente, me llamó y me dijo: «Quiero ir a ver esta película de superhéroes contigo porque sé que te encantan». Como me gustaban las películas de superhéroes, le dije que sí a mi padre, un hombre al que no amo, con quien no hablé durante una década. Fui, me senté allí dos horas, reí y lloré, igual que él. Así que pensé: ¿por qué no puedo amar a este hombre si sentimos y pensamos lo mismo? Gracias por acercarnos. Aunque solo fuera por esas dos horas...***

El hecho de que este hombre pudiera encontrar un punto en común y sanador con su padre, aunque solo fuera por un par de horas, me llenó de inmensa satisfacción y gratitud como cineasta. Al contar historias, quiero conmoverlos, hacerles sentir algo e inspirarlos a tender puentes hacia las personas de las que están distanciados, a compartir puntos en común con otros y a aceptar la incomodidad de una nueva idea, además de simplemente entretenerlos.

Hablo con todo el mundo y siempre estaré abierta a reunirme con un compañero rebelde, a hablar con esa persona, a compartir el pan con ella. Porque si no armamos revuelo, el cambio quedará fuera de nuestro alcance. Por eso, en 2019, cuando Gustavo Silva, entonces secretario de Cultura de La Plata, y mi amigo Alejo me presentaron la posibilidad de conocer al papa Francisco, dije que sí. Me considero una persona espiritual, pero no soy religiosa. Sí, fui bautizada, hice mi primera comunión y me confirmaron en la Iglesia Católica, pero no me identifico con ninguna institución religiosa. Me resulta desconcertante que la no aceptación esté motivada por la religión, porque creo que Dios nos ama a todos. Dios es Amor. Me alineo con todos los que creen en esta premisa esencial. Sin embargo, agradecí la oportunidad de sentarme con el Papa, a pesar de que teníamos muchas opiniones diferentes. La comunicación abierta, honesta, respetuosa entre perspectivas contrastantes puede ser el catalizador del cambio. Como dice Yusuf Khan en *Ms. Marvel*: «Un hombre tiene una decisión fundamental en la vida. Vivir su vida con miedo o con amor. El hombre que escoge el amor, escoge *joonoon*, pasión. Escoge la fe, el valor».

Volé a Roma en enero de 2022. Había estado un par de meses antes para el estreno mundial de *Eternals*, con el elenco más diverso de la historia del MCU. La ciudad había abierto una sección acordonada de su magnífico Coliseo solo para nosotros, y doscientos drones equipados con LED deletreaban la palabra *Eternals* sobre el antiguo anfiteatro. Al mirar al cielo, el aire fresco se llenó de magia y, por un breve instante, reinó una sensación de paz y esperanza. Había intentado programar la reunión con el papa Francisco para que coincidiera con esta visita, pero su agenda estaba llena, lo que me trajo de vuelta a la Ciudad Eterna a principios de 2022.

La noche de mi llegada, tuve una reunión privada con monseñor Lucio Adrián Ruiz, secretario del Dicasterio para la Comunicación del Vaticano, también argentino, de Santa Fe. El objetivo era orientarme sobre el protocolo y qué decir durante mi encuentro con el Papa. No tenía una agenda definida. Afronté esta experiencia con el máximo respeto y la mente abierta. Me habría gustado llevar a mi esposa conmigo para que pudiera vernos como pareja, pero debido a las restricciones por el covid-19, solo se permitía la presencia de una persona a la vez.

A la tarde siguiente, me dirigí a la Casa Santa Marta, un edificio junto a la Basílica de San Pedro en la Ciudad del Vaticano, que funciona como casa de huéspedes para el clero visitante y había sido el hogar del papa Francisco desde 2013. (Optó por vivir en una *suite* de este edificio en lugar de los aposentos papales del Palacio Apostólico). Fui su última reunión del día.

Me acerqué a la entrada principal, flanqueada por guardias suizos vestidos con sus uniformes de rayas amarillas, azules y rojas, les hice un gesto con la cabeza y entré. Me condujeron a una habitación con paredes color crema, un sofá color canela y sillones a juego, y me dijeron que el Papa se reuniría conmigo en breve. Mientras estaba ahí de pie, observando el espacio escasamente decorado, no pude evitar recordar la última vez que me encontré cara a cara con esta institución religiosa.

Tenía catorce años. Mi madre y yo asistíamos a la misa dominical en nuestra iglesia local. El sacerdote estaba en medio de su sermón cuando de repente declaró: «Las mujeres fueron creadas para tener hijos y reproducirse». Según este hombre, ese era nuestro deber supremo: casarnos y procrear. Incapaz de quedarme callada con esta declaración, me puse de pie y alcé la voz desde los bancos.

—¿Cómo lo sabe? —pregunté con franqueza.

Los feligreses se movieron incómodos en sus asientos mientras un silencio penetrante llenaba la nave de la catedral.

—Usted no está casado —insistí—. No tiene familia. No es una mujer.

Mi madre empezó a tirarme de la manga con desespero, instándome con vehemencia a que me sentara, pero ignoré sus silenciosas súplicas.

—¿Y si no quiero tener hijos? ¿Eso significa que Dios no me va a amar?

Atónito por la audacia de esta adolescente que se había atrevido a decir lo que pensaba en este espacio religioso sagrado, logró cambiar de rumbo con un montón de respuestas evasivas. Una vez que me di cuenta de lo que estaba pasando, me senté con el comienzo de lo que sería una persistente sensación de decepción instalándose en mi mente, e hice todo lo posible por *soportar* el resto del sermón. Al terminar la misa, mientras caminábamos por el pasillo hacia la salida, el sacerdote se acercó a mi madre y a mí y dijo:

—Si así deciden comportarse, entonces ninguna de las dos es bienvenida aquí.

—Entonces no voy a volver a esta iglesia —respondió mi madre, desafiante. Y cumplió su palabra. Encontró otra iglesia y nunca volvió a pisar ese edificio. Desde entonces, mis visitas a catedrales por todo el mundo han estado motivadas por una curiosidad arquitectónica o histórica, pero nunca volví a asistir a misa.

De pie en la Ciudad del Vaticano, más de cuarenta años después, dejé a un lado ese recuerdo y miré la bolsa de Mafalda en mis manos, que contenía un regalo para el papa, y leí la inscripción en el panel lateral: «Lo importante es ser uno mismo». Ese es un código que me guía, una pancarta que sostengo en alto mientras sigo mi camino. Y cuando hice mi investigación antes de ese día y comprendí todo lo que el papa Francisco había logrado en su vida, me di cuenta de que este hombre se había mantenido fiel a sí mismo, a pesar de las amenazas de muerte, a pesar de la coronación papal. Esto, a su vez, despertó en mí el máximo respeto. Estaba ansiosa por conocer a este hombre de principios y espíritu rebelde.

Cuando el papa Francisco entró a la sala, le dije:

—Hola, ¿qué tal, Francisco? Vengo del otro lado del mundo a visitarlo. ¿Dónde se quiere sentar?

—Bueno, una silla estaría bien —respondió, bromeando desde el principio. Me gustó.

Mientras nos acomodábamos en nuestros respectivos asientos, le di la bolsa de Mafalda con una máscara LED de arcoíris dentro.

—Esto va a ser divertidísimo, porque tiene su traje blanco y esta máscara blanca, y cuando menos se lo esperen, con solo apretar un botón, puede iluminarla y obtener todos los colores del arcoíris —le expliqué mientras él examinaba el regalo con cuidado y genuina curiosidad.

—Ya se me está ocurriendo lo que podría hacer con esto —dijo sonriendo.

—Bueno —respondí—, nada ilegal. No quiero meterme en líos.

Seguimos charlando, los chistes no paraban, le canté y la sala se llenó de nuestras risas incesantes.

—¿Qué acaba de pasar? —dijo el Papa entre risas—. Nena, me hacés bromas, cantás dos canciones y de repente me olvidé de todo el protocolo. Me descolocaste, y ahora te hablo como si estuviéramos sentados en medio del campo. ¡Nena, casi me hacés decir una mala palabra!

Después de romper el hielo con nuestra alegría, lo miré a los ojos y le dije:

—No creo que sepa cuánto lo admiran las jóvenes y cuántas quieren ser como usted. —Hice una pausa y continué—: El otro día, mi hija me preguntó si algún día ella podría ser Papa. Y por primera vez desde que nació, tuve que mirarla a los ojos y decirle que no. «No porque no crea que puedas», le expliqué, «sino porque hay reglas en la institución católica, y las reglas dicen que las chicas no pueden ser papa. Pero hay un hombre en el Vaticano al que voy a ver pronto. Él es el Papa. Tal vez él pueda cambiar eso para las chicas de todo el mundo. No sé, le voy a preguntar». —Respiré hondo y añadí—: Por favor, dígame, Francisco, si todos nacemos iguales y todos somos iguales ante los ojos de Dios, ¿por qué le niega a las mujeres de todo el mundo la oportunidad de ser usted?

Me miró, bajó la vista a su regazo, se detuvo un momento y luego dijo:

—Aprendo mucho escuchando.

Esto me impactó de manera profunda. Sentí un cambio en él, pero no sabía cómo podría afectarlo en el futuro.

—Usted y yo tenemos puntos de vista opuestos sobre muchos temas —le dije al papa Francisco—, pero ambos queremos un mundo mejor. Y ambos intentamos mejorarlo a través del amor, amándonos los unos a los otros. Pensé que debería saber que muchas mujeres se han hecho esa pregunta, y que la Iglesia estaría mejor con una presencia femenina en puestos de poder.

Nuestra conversación ese día giró en torno a muchos temas. Le pregunté qué música escuchaba y me dijo que hacía tiempo que no escuchaba nada nuevo. Le pregunté qué le impedía conseguir música nueva, aparte de estar un poco «ocupado», y le recordé:

—La música es alimento para el alma. Siempre que tenga oportunidad, debería conseguir música nueva.

Como realmente no tenía un motivo específico para reunirme con el Papa ni una petición, simplemente nos dejamos llevar y disfrutamos de nuestra mutua compañía. Hablamos de cómo la Iglesia no acepta a las personas homosexuales, y él me recordó que Dios nos ama a todos.

—Si menciona eso constantemente en sus discursos, sus palabras salvarían vidas —le dije.

Luego le mencioné cuánta abundancia había en Hollywood y cuánto odiaba que la gente tirara comida. Durante los últimos treinta años, he incentivado a la gente a no tirar comida en la oficina ni en el set de rodaje y a llevarse las sobras a casa. Hay mucha gente que no gana suficiente dinero y probablemente lucha en silencio, y llevarse algunas sobras a casa podría alivianar esa semana. Algunos dudan al principio, pero después de explicarles que si nadie se la lleva, la comida se tira, la mayoría acepta.

El papa Francisco permaneció en silencio y escuchó atentamente lo que tenía que compartir con él, lo cual enseguida noté que era su estilo. Luego dijo:

—Alimentar a nuestros hermanos y hermanas es un acto de Dios. ¡Sos mucho más católica de lo que creés!

Al terminar nuestra reunión, le dije:

—Francisco, me gustaría que viniera a comer un día. Le prepararé un asado con chorizo y mollejas, y un flan con dulce de leche. No le pido que se quede mucho tiempo ni que pase el día, no, no. Podemos charlar un rato, comer, le cantaré una canción y luego se puede ir porque no sé si mi barrio podría soportar el circo de seguridad que lo sigue.

—Uy, ¿te imaginas, nena? Podría ser divertido —respondió con una sonrisa. Parecía sinceramente conmovido por la invitación, aunque ambos sabíamos que nunca sucedería.

Al terminar nuestra reunión, su guardaespaldas entró para tomar la foto tradicional.

—Espere, ¿sonrió? —le pregunté al guardia después de que tomara la primera foto.

—No.

—Francisco, ¿por qué no sonríe? Llevamos noventa minutos riéndonos. ¿Y ahora me va a poner cara de tristeza? —Entonces me volví hacia el guardaespaldas y le dije—: Tome otra foto, por favor.

El guardaespaldas miró al Papa, perplejo, y yo intervine de nuevo:

—Por favor, no lo mire, ese es mi teléfono, así que, por favor, tome otra foto.

Luego miré al Papa y, con una gran sonrisa, le dije:

—Santo Padre, si no me sonríe, no me voy. Así que más vale que empiece a sonreír.

La segunda foto lo capturó riéndose de mi última y audaz ronda. Luego dijo:

—Vamos, nena, si no te saco de acá, seguro que no te vas.

Monseñor Lucio esperaba afuera con una caja de alfajores para el papa Francisco.

—¡Guau, Lucio! ¿Le trajo alfajores y a mí no me trajo nada? Ni un regalito de Santa Fe —le dije, bromeando.

El papa Francisco intervino de inmediato.

—No, por favor, dale mi regalo.

—Espere un momento, Francisco. Eso es peor. ¿Le va a regalar su regalo a otra persona? Esto no está bien. ¿Es que no existen los buenos modales por estos pagos?

El papa Francisco miró a monseñor Lucio y dijo:

—Sáquenla de acá ya —y todos nos reímos.

Cuando estábamos a punto de irnos, me dio dos rosarios, uno para mí y otro para mi esposa. Luego me abrazó y dijo:

—Yo les bendigo el matrimonio.

Me quedé sin palabras.

Entonces se me acercó y susurró:

—Nena, no dejes de hacer quilombo.

—Se lo prometo —respondí—, pero usted debe prometerme lo mismo.

—Te lo prometo —dijo.

Después de nuestra reunión, esa misma noche, alguien filmó al papa Francisco visitando una tienda de discos en Roma. Un par de semanas después, leí el siguiente titular: «El papa Francisco insta a los padres a "nunca condenar" a sus hijos gays». Lo dijo durante su discurso en la audiencia general semanal.

¿Fue pura coincidencia? No lo sé. No me atrevería a pensar que algo de lo que dije inspiró estas acciones. Simplemente estoy feliz de que hiciera lo que hizo. Al decir que los padres deben amar a sus hijos tal como son, quizás haya evitado que algunos niños y adolescentes se suicidaran esa semana, o tal vez haya hecho que algunos padres lo pensaran dos veces antes de levantar la mano y golpear a sus hijos hasta someterlos, o tal vez haya impedido que otros padres echaran a sus hijos de casa. Sé en mi corazón que sus palabras salvaron vidas. Es un rebelde de corazón y lo suficientemente progresista como para marcar la diferencia a su manera, y mi alma se alinea con eso.

Después de este encuentro revelador, recibí una carta del mismísimo papa Francisco. En ella, me agradecía mi visita, mis mensajes y el hecho de crear cosas que inspiran a la gente a cambiar para mejor. Dijo que rezaba por mí y mi familia y me pidió que rezara por él. Y, con su característico sentido del humor, mencionó una caja de empanadas que había recibido recientemente de un restaurante llamado Qué Quilombo y dijo que si alguna vez compartíamos ese asado del que hablamos, sería un quilombo.

Gracias, papa Francisco. Prometo nunca perder el sentido del humor ni mi propósito.

Me siento como en casa cuando hablo con personas con las que coincido en cuanto a los derechos de las mujeres, los derechos humanos, el derecho al voto y los derechos reproductivos. Estar en sintonía crea una sensación de seguridad. No hay seguridad al hablar con personas que tienen diferentes puntos de vista, pero esas conversaciones nos permiten aprender muchísimo si nos mantenemos abiertos a la posibilidad de dialogar.

Hablar con alguien que te cae bien, pero con quien no necesariamente estás de acuerdo, siempre te abrirá la mente. Cuando lo hagas, intenta bajar la guardia. El simple hecho de estar abierto a escuchar opiniones opuestas puede ser increíblemente enriquecedor. Incluso si piensas que la conversación no llegó a ninguna parte, al menos lo intentaste, hiciste lo mejor que pudiste, trataste de ponerte en el lugar del otro y ver la vida desde su perspectiva. Eso ya es un gran paso hacia la construcción de puentes. Una de las cosas que creo que Santiago Mitre, Mariano Llinás y Martín Mauregui hicieron maravillosamente con el guion de *Argentina, 1985* es que crearon una historia política pero no partidista. No giraron el lente hacia la izquierda, la derecha o el centro. No se enfocaron en un partido en particular; más bien, se concentraron en los derechos humanos que fueron abusados, obliterados, destruidos y diezmados, y contaron esta parte devastadora de nuestra historia desde el punto de vista de un padre, un hijo, una madre y una hija, personas con las que podríamos identificarnos en todos los ámbitos. La verdad es que nunca sabemos qué puede resultar de estas conversaciones e historias difíciles e incómodas a menos que comencemos a tenerlas y compartirlas. Podemos influir en la vida de alguien de maneras que ni siquiera imaginamos, o ellos pueden influir en la nuestra. Como dice el dicho: «En nuestras diferencias residen nuestras fortalezas», a lo que me gustaría añadir: no somos tan diferentes como creemos. Más allá de todo, que persevere el amor.

11

Conoce quién eres

«Tarde o temprano tienes que escoger entre lo que el mundo quiere que seas y quien eres».

—BLACK WIDOW, *BLACK WIDOW* (2021)

En las películas de Marvel en las que trabajé, siempre hay un momento en el que nuestros héroes se cuestionan algo sobre sí mismos, su vida, sus decisiones, su gente, su trayectoria, igual que nosotros. «¿Estoy en el camino correcto? ¿Es esto quien se supone que debo ser? ¿Por qué elegí esto? ¿O esto me eligió a mí?». Descubrir, comprender y saber quiénes somos es el objetivo final de cada una de nuestras historias de origen; nos permite acceder a un poder que va más allá de las habilidades de cualquier superhéroe: el poder de ser quienes somos: únicos, completos, inspiradores y hermosos.

He sido fiel a mí misma toda mi vida. No cambié por mi familia ni por mis amigos, no cambié por mis jefes, no cambié por Hollywood, no cambié por Marvel ni por Disney. No dejé que mi industria ni nadie más redefiniera quién soy o quién debería ser. Elegí nunca reprimir mi identidad ni cambiar de código para encajar, porque sabía que, al final, nada de eso me serviría. Esa decisión forma parte de la integridad que aporto; forma parte de uno de mis superpoderes: la transparencia. Y aquí estoy, de pie.

En tus posibilidades reside tu verdadera identidad. No eres la Alfa Femenina Número 2. No somos seres idénticos. Somos mucho más que eso. Como Frigga le dice sabiamente a su hijo Thor, nuestro éxito no se mide por quiénes creemos que debemos ser, sino por quienes somos.

En algún momento de nuestro camino, debemos dejar de escuchar lo que la gente piensa que deberíamos ser o hacer y empezar a prestarnos atención a nosotros mismos y a lo que nos define como individuos. Tenemos que estar en sintonía y hacerle caso a nuestra intuición. Claro, es mucho más fácil dejarse llevar y ser quienes nuestra familia, religión, sociedad, pareja o industria quieren que seamos. El problema surge cuando lo que realmente nos hace felices es reemplazado por lo que nos han dicho que debería hacernos felices. O, dicho de otro modo, cuando basamos nuestras acciones en cumplir las expectativas de quienes nos rodean mientras ignoramos nuestros propios deseos y sueños. ¿De verdad quieres ser médico o sientes en tu corazón que serías más feliz como escritor? ¿De verdad te encanta maquillarte todos los días y tener un peinado perfecto o solo lo haces para complacer a tu pareja? ¿De verdad te hacen gracia los chistes despectivos de tu jefe o te ríes para apaciguarlo? Si te hace sentir mal, probablemente no sea para ti.

A menudo, las personas no escuchan a sus instintos porque se dejan llevar por la opinión de otros o viven según los principios de otros. Cuando apenas estás empezando, es natural aferrarse a las personas exitosas que admiras, estudiar quiénes son y qué camino tomaron para llegar a ese lugar. Pero es un panorama complejo porque, durante mucho tiempo, muchas de esas personas exitosas en la cima han sido hombres blancos heterosexuales. Entonces, ¿qué pasa si eres gay, una persona de color, un inmigrante, una mujer? Te encontrarás con muchos desafíos que pueden fácilmente llevar a convertirte en lo que la gente de esta industria quiere que seas. Es más, Hollywood no dudará en moldearte según sus necesidades para que encajes en *su* agenda, en *su* camino, en *sus* objetivos. Y no dudarán en descartarte cuando ya no les sirvas.

Tuve muchas oportunidades de rechazar quién era, pero en cambio, redoblé mi apuesta por mi identidad. Cuando la gente ha descubierto que soy de Argentina, varias conversaciones se desarrollaron así:

—Pero pareces más europea.

—No, soy argentina.

—Pero tu apellido, espera, ¿cuál es tu origen?

—Soy española e italiana.

—Ves, eres más europea.

—No, soy argentina.

Podría haberme aprovechado de mis raíces europeas porque mi familia materna vino de Italia y mi lado paterno vino de España, pero mis dos padres son argentinos, y nací y crecí en Argentina. Soy argentina de pies a cabeza. Eso significa que soy latina, no europea. Elegí no reprimir quien era, por eso los corregí. Nunca cambié de código solo para encajar, pero entiendo que lidiar con la presión de pertenecer es tan intensa que muchos no pueden evitar sucumbir a ella un poco, o mucho, y piensan: «Si soy un poco más de lo que quieren que sea, tal vez me inviten a esa reunión, consiga ese ascenso, forme parte de ese equipo». Ahí es donde comienza. Luego empiezas a ajustar tu apariencia, tu forma de hablar. Claro, no puedes ocultar el color de tu piel, pero puedes alisarte el cabello, ocultar tu sexualidad y apoyarte en tus raíces europeas, aunque seas de América Latina, todo en nombre de encajar y salir adelante. Empiezas a reprimir las partes que sientes que no encajan en cierto grupo y, poco a poco, en algún punto del camino, te arriesgas a olvidar quién eras al principio. Surge una crisis de identidad y puede que ni siquiera te des cuenta hasta mucho después. Entonces, un día, quizás mires atrás y pienses: «Un momento, ¿llegué aquí por ser quien soy o porque me convertí en quien querían que fuera?».

Intentar encajar descuidando tu verdadera identidad no te ayudará a largo plazo, porque tarde o temprano tu verdadero yo saldrá a la luz y quienes te rodean podrían interpretar tus acciones anteriores como falsas. Prioriza mantenerte conectado contigo mismo. No desaparezcas, no te conviertas en una sombra de ti mismo para un trabajo o para alguien más, y no te reprimas sólo para pertenecer. Existe la idea preconcebida de que el éxito debe seguir un patrón determinado. Y sí, algunos trabajos requieren que sigas un trayecto específico: no puedes convertirte en médico sin ir a la facultad de Medicina y completar la residencia. Pero hay otros trabajos, como el mío, donde diferentes caminos pueden llevarte a destinos similares. Sin embargo, si no sabes quién eres, puedes perderte con facilidad en el camino.

Eres único. No hay nadie como tú en el mundo. Y lo que debes aportar a la mesa es tu esencia única. Sin esa singularidad, no tendríamos diversidad y todos seríamos las mismas rebanadas de pan blanco. Sé pan hawaiano con su característico toque dulce. Sé pan de centeno con esa profundidad de sabor. Sé tú mismo. Si estás contento con el camino que estás recorriendo, entonces disfrútalo. Si sientes que tu estómago está revuelto y tus instintos te empujan constantemente a cambiar de rumbo, tómate un momento para acallar todo el parloteo externo y comienza a reconectar con lo que te hace feliz. Practica desconectarte de todo ese ruido y conectarte con tu esencia. Busca las avenidas que te inspiran; si no puedes encontrarlas, crea una para ti. Cuando tu corazón está lleno, tienes alegría. Cuando tienes alegría, tienes armonía. Y si tienes armonía, puedes crear la vida que deseas.

Una de mis mayores alegrías es escuchar a gente que conozco desde hace años decir: «Bueno, no has cambiado. Eres la misma payasita de siempre, como cuando nos conocimos». Sí, y también sigo teniendo la misma lengua filosa que tenía antes de que mi carrera despegara. Simplemente logré algunas cosas aquí y allá, pero soy la misma persona. No se me da bien seguir instrucciones y disfruto de un buen desafío; por eso esta carrera es perfecta para mí. Conecta bien con quien soy. Hay una revolucionaria en mí, una disruptiva, una verdadera rebelde indomable que siempre está presente. Y lo tengo claro porque sé quién soy y nunca olvidé de dónde vengo.

Valoro mi identidad por encima de mi éxito. Mi alma no tiene precio porque no está en venta. Hace unos años, me ofrecían todo tipo de regalos y dinero de empresas que querían firmar un contrato con nosotros, pero yo siempre decía que no. Claro que decir que sí habría violado la política de regalos y anticorrupción de Disney. Pero incluso si esa política no existiera, mis decisiones no se podían ni se pueden comprar. Ni con pequeños regalos, ni con BMW nuevos entregados en la puerta de mi casa. En ese caso, respondí amablemente: «No, ya tengo coche, gracias». Lo rechacé todo porque quería mirarme al espejo y decir: «Sí, sigo siendo yo». Soy la persona que se ha esforzado para llegar hasta acá; la que a veces mete la pata; y la que defiende sus convicciones sin importar las consecuencias. Nunca renuncio a mi identidad, y todo eso se traduce en la transparencia e integridad que aporto a mi trabajo. Eso es lo que obtienes cuando me contratas.

Nuestro sentido de identidad siempre debe prevalecer, sin importar con quién estemos o qué hagamos. Como le gusta decir a mi amigo Alejo: «Si te hace feliz, ahí es donde debes estar». Dicho esto, somos almas en constante evolución, así que lo que nos hace felices hoy puede no hacernos felices mañana. Esa es la belleza del poder de la posibilidad. Porque la posibilidad es cambio. Tendemos a rechazar el cambio y la evolución porque tememos lo que podamos encontrar al otro lado; incluso podemos temer perdernos en el proceso. Pero el crecimiento llegará, nos guste o no. Aprender de nuestros errores, adaptarnos y evolucionar no significa que tengamos que perder nuestra esencia. Saber quiénes somos realmente nos da la confianza que necesitamos para dar los pasos necesarios hacia un futuro mejor.

Cuando tenía diecinueve años y me casé con un hombre, no sabía que iba a amar a una mujer a los treinta. Cuando comencé mi carrera como asistente de producción, no sabía que más tarde ayudaría a dirigir un estudio. Cuando comencé mi carrera en la producción de efectos visuales a finales de mis veinte, no sabía que me llevaría a trabajar en películas de superhéroes. Y ciertamente no sabía que ese puesto me daría la oportunidad de luchar por la representación en la pantalla grande y pequeña a mis cuarenta y cincuenta. Mantenerme abierta a la elección y a la posibilidad me presentó esas opciones, y decidir aceptar esos caminos, aferrándome a mi esencia, me ha llevado a donde estoy hoy.

Las películas y series de Marvel, en cierto modo, se convierten en espejos para sus espectadores, reflejando no solo cómo se ven a sí mismos y conectan con los personajes, sino también cómo piensan. En *Ms. Marvel,* presentamos a la primera familia musulmana y a la primera superheroína del MCU que viven sus vidas en un barrio de Nueva Jersey con sus propias luchas y alegrías cotidianas. En la escena entre Kamala y su mejor amiga Nakia en el baño de la secundaria, donde conversan sinceramente sobre su búsqueda de propósito e identidad en el mundo, Nakia dice: «El día en que me puse esto [el hiyab] esperaba callar a mucha gente, pero entendí que no tengo que probarle nada a nadie más. Cuando me pongo esto siento que soy yo. Que tengo un propósito». Con una escena corta como esta, se invita a los espectadores no musulmanes a un mundo que quizá no conozcan: ven quiénes son estos personajes, cómo hablan entre ellos y sobre los demás, lo cual los ayuda a tomar conciencia sobre temas que quizá no entendían antes. Con una mayor conciencia, podemos aprender a respetar no solo quiénes somos como individuos, sino también quiénes son los demás.

Al final, más allá de la religión, la raza, la orientación sexual o el lugar de nacimiento, todos somos seres humanos con obstáculos, cráteres y crisis de identidad. Todos queremos ser amados, todos queremos ser felices y todos queremos encontrarnos a nosotros mismos. Sin embargo, ninguna etiqueta jamás abarcará todo lo que somos, porque somos la suma de todo. Yo soy inmigrante, mujer, lesbiana, madre, amiga, rebelde y, como dice Carol Danvers en *Capitana Marvel*: «No tengo que demostrarte nada».

No importa lo que hagas, adónde vayas, con quién te conectes, asegúrate siempre de encontrar el camino de regreso a ti mismo. Enfócate en hacer el bien y ser buena persona en lugar de en tus logros y ganancias personales. Descubre quién eres, mantente fiel a ti mismo sin importar lo difíciles que sean las decisiones que enfrentes, vive tu vida con propósito, mantén la curiosidad y asegúrate de que siempre prevalezca tu identidad.

12

Descubre la fórmula secreta

«¡Vengadores! Unidos».

—CAPITÁN AMÉRICA, *AVENGERS: ENDGAME* (2019)

Iron Man: El hombre de hierro. Ahí empezó todo. Ahí se formó este equipo: Kevin Feige, ahora presidente de Marvel Studios, era el discreto experto en Marvel; Louis D'Esposito, ahora copresidente de Marvel Studios, y yo, por aquel entonces, éramos *freelancers* y nos comportábamos como hermanos charlatanes. Tres personas completamente diferentes, unidas por el respeto mutuo y el entusiasmo por dar vida a la visión de Jon Favreau de *Iron Man: El hombre de hierro.* A medida que nos acercábamos a la meta de la postproducción, satisfechos con lo que había logrado hasta el momento, Kevin nos ofreció a Louis y a mí puestos de tiempo completo en Marvel.

Por un momento, me descolocó. Nunca me habían ofrecido un puesto de jefe de departamento en un estudio, y nunca había estado en mi radar como uno de mis objetivos profesionales. Pero, como no era de las que rehuían una posibilidad, dije:

—Bueno, si seguimos adelante con esta idea, me gustaría que los equipos de efectos visuales y postproducción se reportaran a mí para tener una sola persona al mando de la película en lugar de dos personas luchando por sus departamentos.

Kevin lo pensó y respondió:

—Tiene sentido. Hagámoslo.

Los tres seguimos hablando con entusiasmo sobre la oportunidad que teníamos ante nosotros, lo que haríamos diferente y lo que mejoraríamos basándonos en lo que habíamos observado en otros trabajos. El poder de la posibilidad nos hacía vibrar de pies a cabeza. Queríamos cambiar las reglas del juego y quizás algún día convertirnos en el estudio y la fuerza creativa que lo hiciera todo. Así que acordamos formar equipo, reunirnos, dar ese salto juntos y hacerlo bien.

En 2008, después de llegar a un acuerdo con Manhattan Beach Studios, nos mudamos de la oficina situada encima del concesionario de coches en Beverly Hills y filmamos *Iron Man 2* y varias películas más en estas instalaciones, que se convirtieron en nuestra base durante los años siguientes mientras poníamos en marcha nuestro plan. Queríamos que nuestro estudio evocara a los antiguos estudios de Hollywood, que concentraban todos los departamentos bajo un mismo paraguas. En nuestro caso, comenzamos compartiendo un Departamento de Efectos Especiales, un Departamento de Dobles y un jefe de utilería, por nombrar algunos. El objetivo: intentar hacer más de una película a la vez y utilizar los mismos equipos en diferentes producciones. De esta forma, si un proyecto se topaba con un problema, los equipos podían enfocarse en las demás producciones y, potencialmente, evitar perder dinero y tiempo mientras esperábamos a que se resolviera. A medida que crecíamos, mantuvimos este modelo en Los Ángeles y luego lo replicamos en Londres, Atlanta y otras ubicaciones. Después, cuando añadimos el Departamento de Estéreo y Tecnología, me ofrecí a liderarlo porque todo eso está vinculado a los efectos visuales y la postproducción, y Kevin y Lou estuvieron de acuerdo. Ahora se había hecho realidad: los equipos, la visión, el estudio.

Durante los dieciocho años siguientes, en los que Kevin, Lou y yo trabajamos juntos para llevar más de treinta películas y series de Marvel a la gran y pequeña pantalla, nos preguntaron una y otra vez: «¿Cómo lo hicieron? ¿Cuál es el secreto?». Nunca supe bien cómo responder a esta pregunta. No ideamos una fórmula mágica infalible en un laboratorio que garantizara el éxito. ¿Cuál es el ingrediente secreto que convirtió a Marvel Studios en un éxito tan rotundo? Una buena cucharada de la fuerza que encontramos en nuestras diferencias, una generosa dosis de respeto mutuo, todo espolvoreado con la magia de la colaboración.

Antes de que Kamala Harris se convirtiera en vicepresidente de Estados Unidos, la conocí en un almuerzo para latinas, y ese día dijo una frase que se me quedó grabada: «En nuestras diferencias residen nuestras fortalezas». Más tarde me di cuenta de que quizás estaba parafraseando al reconocido educador estadounidense Stephen Covey, quien escribió: «La fuerza reside en las diferencias, no en las similitudes». Curiosamente, según mi experiencia, muy pocas personas ven esto como una ventaja, en especial hoy en día, cuando parecemos estar más divididos que nunca como sociedad. En realidad, a primera vista, puede que no sea el ingrediente secreto más práctico o intuitivo. Las diferencias implican que puede llevarnos más tiempo llegar a una conclusión, a una respuesta, a un corte final. Las diferencias requieren paciencia. Pero el trayecto más largo nos permite ver lo que estamos creando desde diferentes perspectivas, ideas y sentimientos. Esto no solo enriquece el camino que estamos recorriendo, sino que también ofrece un resultado más meditado y preciso que el que habríamos alcanzado si todos hubiéramos estado en la misma esquina observando nuestro proyecto desde la misma perspectiva.

Kevin, Lou y yo no fuimos la excepción. Teníamos personalidades diferentes: Kevin era tranquilo y reservado, muy centrado en todo lo relacionado a los superhéroes: las historias, los personajes y las líneas temporales. Por otro lado, aunque Lou y yo tuviéramos diferentes puntos de vista y trayectorias, ambos éramos muy dados y nos encantaba hablar sin parar de todo y de nada. De hecho, disfruté y aprecié muchas de nuestras ágiles conversaciones políticas. Cuando estábamos en una sala discutiendo un proyecto, Kevin era el que recordaba frases de diferentes versiones de un guion o una escena, incluso si solo se habían modificado tres palabras. Decía con naturalidad algo como: «Bueno, en la versión veintisiete, tenemos este momento, y creo que esa frase marcó la diferencia». Y yo lo miraba con asombro y le decía: «¿Cómo te acordás de eso?». Siempre le decía que creía que tenía memoria de elefante. Lou también tiene ese don. Y yo tengo la capacidad de recordar todo a través de imágenes.

Mi camino siempre ha sido la narración visual, ya sea en forma de un anuncio de treinta segundos, una obra de teatro de dos horas, un programa de televisión o una película. No es casualidad que la mayoría de los músicos que me atraen también sean narradores, como Joan Manuel Serrat y Silvio Rodríguez, los antiguos trovadores que no solo cantan, sino que narran una aventura o una experiencia vital con sus canciones. Ahora bien, si me sientas a leer... bueno, soy una lectora terrible. De niña, nunca pude concentrarme lo suficiente como para terminar un libro. Las páginas en blanco y negro con palabras me hacen divagar. Me puede llevar de dos a tres horas leer un guion normal de ciento veinte páginas, que mis compañeros pueden hojear en cincuenta minutos. Empiezo bien, pero al llegar a la segunda página, me aferro a un concepto, mi mente empieza a pensar en diferentes posibilidades de cómo podríamos darle vida y me pierdo en mi propio mundo. Con el tiempo, he desarrollado técnicas para concentrarme en la página siempre esquiva.

Primero, necesito un espacio tranquilo con la menor cantidad posible de distracciones. Si mis perros están alborotados o pasa algo fuera de mi ventana, salgo de ahí en un instante y no vuelvo en un buen rato. Una vez enfocada, me gusta dibujar en los márgenes. Eso mantiene mi atención en la página y alejada de cualquier actividad circundante. Mi recurso predilecto es dibujar pequeños cubos tridimensionales porque representan todos los puntos de vista —el mío, el tuyo y el de ellos— y siempre están conectados. También me gusta crear un efecto de cascada o alguna otra forma con movimiento. Sin embargo, si una frase me llega al corazón, queda por siempre grabada en mi mente.

Procesar la información a nivel visual es una de mis fortalezas. Al igual que Kevin y Lou con los guiones, puedo ver tres versiones ligeramente diferentes de una imagen y enseguida identificar si se modificaron dos árboles en la colina. Así que sí, puede que me lleve un tiempo terminar un guion, pero si me dan una imagen con la que trabajar, puedo pasar horas diseccionando la historia que encierra. No importa lo repetitivo que parezca el proceso, siempre encuentro algo nuevo en la imagen en movimiento.

Estas diferencias nos equilibraron y nos permitieron tener todos los aspectos cubiertos como equipo en Marvel. Nuestras fortalezas se manifestaron en diferentes momentos durante el desarrollo, la preproducción, la producción, la postproducción y el *marketing* de nuestras películas, y aprendimos a apoyarnos mutuamente a medida que avanzábamos en el proceso. Por ejemplo, mientras Kevin se enfocaba en los fans devotos, yo siempre decía: «Díganmelo como si nunca hubiera visto nada relacionado con Marvel». Este equilibrio mantuvo contentos a los fans de toda la vida, con guiños ocultos para los que estaban inmersos en el tema, a la vez que hizo que los proyectos fueran accesibles para nuevos espectadores, lo que también propició la longevidad de la franquicia.

En nuestras diferencias residía la belleza de nuestra experiencia. Nuestros tres puntos de vista y papeles diferentes fortalecieron nuestras historias, y siempre mantuvimos nuestro respeto mutuo. Somos personas peculiares, pero aprendimos a apreciar y respetar las peculiaridades de cada uno. Eso nos permitió escuchar más allá de nuestras diferencias y dejar la puerta abierta a ideas nuevas e inesperadas que ayudaron a mejorar las historias, ya fuera a nivel creativo o técnico.

A lo largo de los años, los tres mantuvimos un acuerdo tácito: la franquicia era el ego más importante que alimentar. Siempre apoyamos la mejor historia, idea o proceso, sin importar de quién viniera. Y no éramos solo nosotros. Armamos un equipo diverso en Marvel, con algunas personas que nos acompañaron desde el principio y otras que se unieron a nosotros en el camino, pero todos jugamos un papel importante en la creación de las más de treinta películas y series que hicimos juntos. La combinación de todos nuestros talentos nos hizo más fuertes como equipo.

El ingrediente estrella de nuestra fórmula secreta fue nuestra capacidad de colaboración. Desde el primer día, compartimos un mismo tráiler en los sets, donde hablábamos de los problemas con el productor creativo asignado a cada proyecto y encontrábamos las soluciones. Almorzábamos juntos y éramos prácticamente inseparables. Era parte de lo que nos hacía tan eficientes. Cuanto más estábamos juntos, más podíamos resolver y lograr. Durante uno de esos momentos en que vivíamos y respiramos uno de nuestros proyectos, yo les solté: «Bueno, puede que me vaya a la isla con esto, pero...». Fue como una referencia inversa a *Survivor.* En lugar de que me expulsaran de la isla, lo que dijera podría hacer que me expulsaran del continente. En otras palabras, tuve una idea fuera de lo común que sabía que podría ser rechazada al principio, pero tuve que lanzárselas de todos modos, incluso si eso significaba tener que remar a la isla después. «Ir a la isla» con el tiempo se convirtió en parte de nuestro léxico. Todos íbamos a la isla y no pasaba nada, incluso era bienvenido.

Las ideas rechazadas nunca son algo de lo que avergonzarse, porque los rechazos no son personales. Nuestros desacuerdos se basaban únicamente en los personajes y las historias, no en nuestras opiniones. La pregunta recurrente a lo largo de los años, a lo largo de la larga lista de escritores, productores y directores, siempre fue «¿Qué haría el personaje?». Los personajes, las historias, la franquicia, eso es lo que siempre nos propusimos proteger. Esto nos permitió fomentar un espacio creativo y seguro donde todos en la sala se sentían cómodos expresándose porque no serían juzgados, sin importar lo descabellada que pudiera parecer la idea en ese momento. Es más, hasta cuando nuestras ideas nos llevaban a la isla al principio, sus esencias quedaban en el aire y, a veces, daban lugar a otra solución que llenaba el hueco que habíamos estado contemplando. Así que comparte tu idea, por muy disparatada que suene, y si es necesario, ve a la isla y regresa con otra idea para ver si esa funciona.

Recuerdo una vez, mientras trabajábamos en *Avengers: Infinity War,* que volvíamos constantemente a una escena específica, preguntándonos cómo abordarla mejor. Fue en medio de la épica secuencia de la batalla, cuando la Bruja Escarlata es golpeada de lado por Proxima Midnight, quien, de pie sobre ella, dice:

—Él morirá solo —refiriéndose a Visión—, igual que tú.

Y Black Widow aparece por detrás y responde:

—No está sola.

Proxima se voltea y encuentra a Black Widow en posición de combate a un lado y a Okoye con su lanza al otro.

La escena fue problemática porque en la proyección de prueba recibimos comentarios de que interrumpía el ritmo de la épica batalla en pantalla. Aun así, Marvel luchó por mantenerla en la película, ya que sabíamos que era importante para las mujeres. El silencio no era una opción. El mensaje que transmitía esa frase era mucho más grande de lo imaginado, porque les decía a las mujeres que no estamos solas como mujeres. No se trataba de poder femenino. Se trataba de ver a mujeres fuertes defenderse y luchar unas por otras. Esto era empoderamiento. Y, con el tiempo, esta frase se convirtió en una de las más memorables de Black Widow en todo el mundo.

Durante los dieciocho años que trabajé en Marvel, nos enfocamos en crear mejores historias, trabajando juntos para descubrir cómo podíamos hacer que una toma fuera más dinámica, cómo podíamos hacer que la luz brillara con más intensidad y mejor y cómo podíamos mejorar el diálogo. Fue una experiencia emocionante. El trabajo en equipo en su máxima expresión. Sentí que había encontrado un lugar donde mi voz se escuchaba, donde podía ser yo misma y donde podía expresar con libertad ideas de «ir a la isla», dar el salto y no ser excluida, porque fomentamos la aceptación de nuestras diferencias. Pasamos casi dos décadas construyendo juntos ese estudio gigante, nos apoyamos mutuamente, luchamos codo con codo en las trincheras, en las buenas y en las malas, contamos historias que, me enorgullece decir, se han convertido en parte de nuestro legado. Y como todas las grandes historias, esta también se acercaba a su fin.

13

Parte de cada viaje es el final

«Parte del viaje es su final».

—IRON MAN, *AVENGERS: ENDGAME* (2019)

Todo viaje que emprendemos, ya sea un paseo corto o una aventura épica, tiene un principio, un desarrollo y un final. Cada paso que damos es una decisión que tendrá consecuencias. Nos empujará hacia delante, hacia un lado o hacia atrás. La clave está en siempre ser conscientes de nuestras acciones y tomar decisiones a consciencia que más adelante nos impedirán sucumbir al arrepentimiento. También debemos aceptar llegar a nuestro destino. Porque eso es el final: un destino, el lugar al que llegamos antes de embarcarnos en nuevos comienzos llenos de más posibilidades. En mi propio trayecto, siempre he elegido seguir adelante, incluso si eso significa que con el tiempo tenga que cruzar el umbral y salir del edificio después de llegar a mi destino.

Dejar atrás algo que ayudaste a crear puede ser terriblemente difícil, pero a veces el propósito de una vida va mucho más allá de lo que jamás imaginamos. Tomemos como ejemplo a Iron Man. Por difícil y desgarrador que fuera despedirnos de Tony Stark en *Avengers: Endgame,* tuvimos la oportunidad de ver cómo se desarrolló el hermoso arco de su historia a lo largo de los años, desde un sabelotodo arrogante hasta un hombre que se convirtió en superhéroe, salvó a los necesitados, sufrió ataques de pánico, aprendió a amar y ser amado, formó una familia y, al final, sacrificó su vida por el bien común. Dejarlo ir fue una decisión abrumadora, pero nos brindó la oportunidad de representar lo que es posible cuando alguien no está dispuesto a comprometer sus convicciones, su identidad o su integridad.

Una de las cosas que me encantan de las películas de Marvel en las que trabajé a lo largo de los años es que están llenas de capas. Claro, en la superficie, está la clásica historia de superhéroes sobre la resolución de conflictos; pero si te tomas el tiempo de pelar esa capa exterior, incrustadas en ciertas escenas hay preguntas subyacentes que esperan ser descubiertas: «¿Somos nuestro trabajo? ¿Está nuestra identidad ligada a lo que hacemos? ¿En quiénes elegimos convertirnos?». A medida que el estudio crecía a nivel exponencial año tras año, empezó a afectar nuestra forma de trabajar. A veces sentíamos que nuestro tiempo y energía se reducían. Kevin, Lou y yo teníamos tantas cosas que hacer, entre las exigencias de un trabajo que siempre nos necesitaba y nuestras vidas personales que también merecían atención, que incluso estar en la misma sala durante un rato largo a veces se convertía en una hazaña. Encontrar el equilibrio era difícil, pero seguimos adelante con todo, e hicimos lo mejor que pudimos porque eso era suficiente.

Todavía estoy en proceso de encontrar el equilibrio, pero creo que tener a mi hij@ me abrió una puerta que no había explorado antes. Los hijos nos dan permiso para parar. ¿No sería genial si pudiéramos hacer eso también por nosotros mismos? En lugar de decir, «Tengo que irme temprano para ir a la reunión de padres y maestros de mi hijo», ¿no sería genial si pudiéramos decir: «Tengo que irme temprano porque tengo una reunión conmigo misma que no puedo perderme»? Pero no tenemos la licencia para decir eso en el trabajo. La sociedad aún no ha llegado a ese punto de inflexión, pero deberíamos esforzarnos por alcanzarlo algún día. Nuestro tiempo para nosotros mismos debería ser tan importante como el tiempo que dedicamos a cuidar a los demás. Recibir un masaje, hacer una caminata, leer un libro, jugar al tenis: esos momentos que nos brindan alegría y paz nos ayudan a recargar las pilas y, a su vez, nuestro trabajo se beneficia de una mente más tranquila y descansada.

Al explorar la infinidad de preguntas que se plantean en nuestras películas, me encontré planteándome preguntas similares. «¿Estoy haciendo lo que amo? ¿Qué haría si no tuviera este trabajo? ¿Mi ego me permitiría reinventarme o me llevaría a un estado de depresión, como el del Doctor Strange después de su accidente?». Y, a pesar de las crecientes exigencias, las respuestas siempre eran rotundas: sí, estaba haciendo lo que amaba. Y sí, si lo perdía todo, sabía que encontraría la manera de reinventarme. Cuando te lanzas inesperadamente al mar abierto, no siempre será un día soleado. Habrá días sin viento en los que sentirás que flotas sin rumbo, sin tierra a la vista. Llegarán tormentas que causarán estragos en tu balsa. Y puede que no acabes en la orilla que habías imaginado. Pero esa será la orilla que necesitabas alcanzar.

Cuando me uní a Marvel, no me gustaban los superhéroes y nunca había ayudado a dirigir un estudio, pero aproveché mi potencial y pensé: «Bueno y ¿por qué no?». Entonces llegué alto, lejos y rápido, pero nunca perdí de vista quién soy. Seguí usando mi voz para alzarla, para traspasar fronteras y, en el proceso, mis innegociables nuevamente comenzaron a cambiar y mi propósito se volvió más claro. Ya no se trataba solo de permanecer en la misma ciudad; se trataba de ejercer mi poder para ayudar a las comunidades marginadas a ser vistas y escuchadas, no como marginadas, sino como parte del tejido social cotidiano. Y elegí hacerlo desde el arte en lugar de la política, porque este medio me permite llegar mucho más allá de una base política. El cine me permite intentar mostrarles a las personas de todos los rincones de la vida que es mucho más lo que nos une que lo que nos divide. El cine es un conducto para la esperanza y la posibilidad.

Creo con firmeza que todo sucede *para* ti, no *a* ti. Es más, parte de nuestros mejores momentos de reinvención provienen de las segundas oportunidades que se nos presentan: esa «toma dos» en la vida, el amor y el trabajo. Estos momentos pueden ser difíciles de superar, comprender y procesar, pero si lo hacemos con gracia, sin hacernos las víctimas y eligiendo el amor por encima del odio, la ira o el resentimiento, seremos mucho más fuertes. Nuestros momentos difíciles son como surfear en una gran ola en Nazaré, Portugal, y ser arrasados de golpe. Debemos nadar de vuelta a la playa, sacarnos las algas del pelo, sacudirnos la arena de los trajes y recuperar el aliento, para al fin ver que cada paso que hemos dado nos ha conducido hasta acá, a la orilla de un nuevo comienzo. Si tuviera que volver a empezar, no haría nada diferente. Estoy en paz con mis decisiones. Me hago cargo. El conocimiento y la verdad son mi escudo y mi armadura; puede que no me protejan del dolor, pero me resguardan del arrepentimiento.

Mientras salimos de los cráteres de nuestras vidas y nos sacudimos el polvo, tomémonos un momento para observar con atención nuestro entorno. Porque entre los escombros de lo que una vez fue, hay brotes de nuevas posibilidades. Incluso en los momentos más oscuros, el poder del pulso de la posibilidad no disminuye. Está ahí, firme, latiendo a nuestro lado mientras terminamos ciertos viajes y abrimos camino a otros nuevos. Para muchos, una carrera puede ser toda una vida eligiendo lo mismo. Para otros, se trata de las posibilidades más allá de ese único camino. En especial al llegar a los cincuenta. A estas alturas, hemos demostrado de qué somos capaces, hemos demostrado nuestra valía y solo queda asegurarnos de ser felices. Cuando ya no te sientas nutrido por lo que haces, cuando tu curiosidad ya no se alimente, cuando empieces a sentir que encajas pero que realmente no perteneces, entonces tómate un momento para reevaluar tu trayectoria y considerar un nuevo camino.

Comienza por preguntarte esto: «¿Quiero encajar o quiero pertenecer?». Encajar significa asimilarte a tu entorno, cambiar para coincidir con tu entorno y ser aceptado. Pertenecer es un lugar donde puedes ser quien eres y nunca sentir que no eres bienvenido. Recuerdo haber escuchado a Julie Ann Crommett, maestra en diversidad e inclusión y fundadora y directora ejecutiva de Collective Moxie, compartir este concepto sobre la pertenencia: «La diferencia entre encajar y pertenecer es que cuando encajas, te invitan al baile, pero cuando perteneces, tocan tu música». Eso se me quedó grabado. Miro hacia atrás en mi vida y a menudo me pregunto cómo una chica de La Plata, Argentina, llegó a convertirse en una alta ejecutiva de un estudio de cine con la franquicia cinematográfica más taquillera de todos los tiempos. No parecía plausible en la superficie. Pero yo creía en algo mejor. Sabía que contar historias sería mi forma de expandir mis horizontes. Y siempre me esforcé y sigo esforzándome por estar en una sala donde toquen mi música y me permitan brillar por quien soy en mi totalidad.

La vida a veces nos puede superar, pero el viaje de nuestro espíritu no tiene límites ni limitaciones. Si nos mantenemos abiertos y conscientes de nuestros pasos y decisiones, podremos ver rayos de luz que atraviesan las profundidades de nuestros cráteres, regalándonos destellos de esperanza. Hay muchas historias en mi corazón que aún espero ayudar a contar algún día. Hay muchos más sueños que quiero convertir en realidad.

Al fin y al cabo, los finales no son la culminación de nuestros sueños; son solo puertas a nuevos comienzos llenos de infinitas posibilidades.

No importa dónde te encuentres en tu camino, no importa lo que hayas vivido y superado, sigues teniendo todo tu potencial, sigues teniendo la libertad de elegir tu mejor camino y vivir en la luz en lugar de la oscuridad, y sigues teniendo voz para expresarte. Cree en ti mismo. El poder de la posibilidad reside en ti.

«Los héroes son forjados por
el camino que eligen,
no por los poderes que se les conceden».

—IRON MAN, *IRON MAN: EL HOMBRE DE HIERRO* (2008)

Agradecimientos

Estas páginas me han acompañado a través de cumbres impresionantes y valles inhóspitos, a través de preciados momentos de pura alegría y algunos de los momentos más tormentosos de mi vida. Nada es permanente, excepto las lecciones que aprendemos en el camino y la posibilidad de un mañana mejor. Como siempre elegí vivir en la luz, sin importar las circunstancias, también conté con un círculo invaluable de amigos, familiares y colegas que me acompañaron en los incesantes altibajos de mi camino. Gracias, gracias de todo corazón...

A Raven, mi hermos@ y amoros@ hij@, por convertir las tormentas en sol. Tu magnífico ser me anima a perseverar ante cualquier desafío que la vida me presente para poder ayudar a construir un futuro lleno de promesas para vos. Te amo.

A Imelda, por dos décadas de amor y luz, y por enseñarme infinitas lecciones.

A Alejo, mi mejor amigo y hermano del corazón, por conocerme de manera profunda, amarme por completo y hacerme reír a carcajadas durante todo el proceso. No puedo imaginar una vida sin vos.

A Elena, por ser la mejor hermana del corazón que la vida te pueda regalar, por las muchas conversaciones sobre las infinitas posibilidades que solo existían al otro lado de la locura.

A Luz María Doria, por abrirme los ojos a la posibilidad de escribir un libro y por impulsarme con tenacidad a dar ese salto, sin importar lo indecisa que pareciera. Gracias por creer en mí y por tu amistad inquebrantable.

A Johanna Castillo, mi feroz y apasionada agente literaria; desde el momento en que Luz María nos presentó, sentí que me entendías. Gracias por guiarme en el proceso de publicación de mi libro y por estar a mi lado mientras me subía a una de las montañas rusas más desafiantes de mi vida.

A Cecilia Molinari, mi compañera de escritura y amiga, por ordenar mis pensamientos dispersos y ayudarme a plasmarlos en la historia que se narra en estas páginas, por tu constante lucidez frente a todos los obstáculos que este proceso nos ha presentado y por recordarme siempre que las palabras pueden cambiarle el día a alguien. Gracias por la alegría inagotable que aportaste a este viaje desconocido y, aún más importante, por confiar en mí para hacer algo que vos hacés tan bien. Este libro no se habría logrado terminar sin vos. ¡Te estaré eternamente agradecida por haber sido mi compañera de escritura! Gracias, amiga querida.

A Adam Wilson, editor ejecutivo de Hyperion Avenue, por tu paciencia, amabilidad, tus atentas ediciones y sugerencias y tu guía en cada etapa de este proceso de creación. Agradezco que este proyecto haya llegado a tus manos. Y gracias a la editora Chelsea Cutchens por su cuidadosa edición, y a todo el equipo de Hyperion Avenue por dar vida a este libro.

Y a ti, querido lector, que tienes este libro en tus manos, gracias por tomarte el tiempo para sumergirte en mis pensamientos y experiencias. Espero que mi historia te inspire a perseguir tus sueños y a considerar las infinitas posibilidades que te esperan al otro lado de las puertas de tu camino. En definitiva, tú eres el superhéroe de tu vida. Nunca lo olvides.